Sieben Jahre ist es her, dass Boris – Anfang vierzig und Banker – den Kontakt zu seinen Eltern und seinen drei Geschwistern abgebrochen hat. Nun ist er abermals an einem Tiefpunkt angelangt: Mit seiner Frau tobt ein Scheidungskrieg, seine beiden Söhne darf er nicht sehen. In seiner Verzweiflung hat Boris sich in psychiatrische Behandlung begeben und nimmt, auf Anraten seines Therapeuten, den Kontakt zu seiner Familie wieder auf. Seinem Psychiater zufolge muss diese Art der Anbahnung per Post und in handgeschriebenen Briefen erfolgen, niemals per E-Mail oder gar SMS.

Was folgt, ist ein mitreißender Briefwechsel, bei dem jedes Familienmitglied seinen Zorn, seine Trauer, seine Geheimnisse und seine unausgesprochene Liebe mitteilt. Eltern, Kinder, Geschwister und Cousins konfrontieren einander, definieren ihre Beziehungen und erfahren dabei Neues, auch über sich selbst.

Gérard Salem hat einen höchst fesselnden und geistreichen Roman geschrieben, der die Komplexität der so chaotischen wie kraftvollen Bindungen, die wir Familie nennen, brillant einfängt.

Gérard Salem, 1946–2018, wurde in Beirut geboren. Er war als Psychiater und Hypnosetherapeut in Lausanne tätig und auf Familientherapie spezialisiert. Gérard Salem verfasste zahlreiche Sachbücher, nahm an Konferenzen auf der ganzen Welt teil und arbeitete mit internationalen Forschungsprogrammen in Kliniken und Universitäten zusammen.

Gérard Salem

*Du wirst an dem Tag
erwachsen, an dem du
deinen Eltern verzeihst*

Aus dem Französischen
von Christian Kolb

ROMAN

Für Antoine und Nora,
mit all meiner Liebe

»Die leichte Möglichkeit des Briefeschreibens muß – bloß teore-
tisch angesehn – eine schreckliche Zerrüttung der Seelen in die
Welt gebracht haben. Es ist ja ein Verkehr mit Gespenstern und
zwar nicht nur mit dem Gespenst des Adressaten, sondern auch
mit dem eigenen Gespenst ...«

Franz Kafka, *Briefe an Milena*

Erster Akt

»Sind wir dazu verdammt,
so lange dasselbe Szenario durchzuspielen,
bis das Geheimnis entschlüsselt ist?«

Genf, den 4. September

Liebe Eltern,

ich kann mir vorstellen, dass euch mein Brief ziemlich überrascht. Ja, er ist von mir, eurem bösem Sohn, von dem ihr seit sieben Jahren nichts gehört habt. Aber keine Sorge, ich komme nicht mit den Armen voller Geschenke, wie der verlorene Sohn in dem Lied von Charles Aznavour. Im Gegenteil, ich hoffe, mein Brief verdirbt euch den Tag.

Ich bin wohl selbst genauso überrascht wie ihr. Kaum zu glauben, dass ich gerade dabei bin, euch zu schreiben. Als ich dieses Jahr vierzig geworden bin, dachte ich mir, ich bin fertig mit euch. Ich hatte euch aus meinem Gedächtnis gestrichen.

Das ist natürlich Unsinn, zumindest meint das mein Therapeut. Bei jeder Sitzung drängt er mich, Kontakt mit euch aufzunehmen. Er behauptet, es würde meine Heilungschancen erhöhen, wenn ich mich zu diesem Schritt entschließen könnte. Er sagt, ich soll euch nicht anrufen, ich brauche mich nicht in den Zug oder ins Flugzeug zu setzen, ich muss euch nicht um den Hals fallen. Nein, er hat kapiert, dass ich dazu außerstande wäre und auch überhaupt keine Lust habe. Er sagt, ich soll euch schreiben.

Wozu, großer Gott!

Er hat erklärt: »Den Computer können Sie mal auslassen, kein elektronischer Datenverkehr, keine E-Mails.« Die virtuelle Welt sei eine falsche, der Austausch müsse auf einer geradezu körperlichen

Ebene stattfinden, ein handgeschriebener Brief sei daher die angemessene Form. Das ist nun eine etwas altmodische Praxis, ich weiß, aber er hat darauf bestanden, warum auch immer.

Damit wir uns also richtig verstehen: Ich schreibe euch nicht aus freien Stücken, sondern auf Anordnung meines Therapeuten. Aber ich weiß gar nicht, was ich schreiben soll. Ich habe mit euch abgeschlossen, ihr gehört meiner Vergangenheit an, auch wenn mich barmherzige Seelen von Zeit zu Zeit daran erinnern, dass es euch noch gibt.

Mir sind bislang keine Todesfälle bekannt geworden. Ach doch, Onkel Simon ist vor drei Jahren gestorben. Sein Krebs hat irgendwann Metastasen gebildet. Ich habe Tante Elsa damals eine Karte geschickt, aber ich bin nicht zur Beerdigung nach Paris gekommen, weil ich keinen Bock hatte, euch zu sehen. Ich gehe davon aus, dass meine Großmutter Noémie, solange mich keine anderslautenden Meldungen erreichen, immer noch lebt.

Ich habe keine Ahnung, wie es euch geht. Wahrscheinlich besser als mir, sicher seid ihr nicht so unglücklich, wie ich es bin. »Stimmt«, werdet ihr sagen. »Aber das Unglück hast du dir redlich verdient.« Ihr habt ein ruhiges Gewissen, ihr habt euch nichts vorzuwerfen. Und ich zahle jetzt den Preis für das, was ich getan habe.

Ich stelle mir vor, dass ihr beschauliche Tage in der Rue Nicolas-Houël verbringt. Ihr habt euren Frieden, seitdem ich weg bin und keine »Zwietracht« mehr säe, wie Charlotte einmal gesagt hat. Du, Mutter, kümmerst dich um den Haushalt und deine Enkelkinder. Wie ist der aktuelle Stand? Ich glaube, Luc ist immer noch Single, aber Mireille? Womöglich hat sie geheiratet und Junge gekriegt? So, wie ich dich kenne, liest du außerdem viel und kritzelst deine wahnsinnig geistreichen Anmerkungen in die Bücher.

Vater hat bestimmt einen Nachfolger für seine Praxis gefunden. Ohne seine Patienten kommt er sich vermutlich etwas verloren vor, aber dafür hat er jetzt jede Menge Zeit, mit seinen Farben herumzuklecksen.

Charlotte hat mir ein Foto von ihrer Familie geschickt, kurz nachdem ich in die Schweiz gezogen bin, danach habe ich nichts mehr von ihr gehört. Sabine und Zoë sind auf dem Bild acht und fünf, wenn ich mich nicht täusche. Inzwischen haben sie sich wohl zu jungen Frauen entwickelt. Und Sylvain, der auf dem Foto noch ganz klein ist, keine drei Jahre alt, müsste mittlerweile zehn sein.

Ich habe nie auf Charlottes Briefe geantwortet. Sie hat mich immer aufgeregt, sie regt mich immer noch auf. Diese dumme Gans mit ihrem unschuldigen Getue. Ich habe ihr nichts zu sagen. Ich hatte keine Lust, ihr zu schreiben, dass ich einen Mordsärger am Hals habe, mich scheiden lasse und meine Kinder nicht mehr sehen darf.

Meine Ex-Frau Ruth ist ein Biest, das gehässigste Weib auf der ganzen Welt. Sie hat mich beschuldigt, sie betrogen zu haben. Es stimmt zwar, aber das waren nur Affären, flüchtige Eskapaden. Sie ist wild entschlossen, mich dafür büßen zu lassen. Vielleicht haben die barmherzigen Seelen, die mich mit Informationen über euch versorgt haben, euch ja auch mit Informationen über mich versorgt?

Ich wette, dass Charlotte immer noch mit dem dämlichen Ernest zusammen ist, diesem unvergleichlichen Spießer, und dass ihre Kinder prächtig gedeihen. Ihr gelingt einfach alles. Sie ist vom gleichen Schlag wie ihr. Aus demselben Holz geschnitzt.

Meine Jungs sind dagegen nicht so wohlgeraten. Der eine hat eine fiese Autoimmunerkrankung, der andere befindet sich in psychiatrischer Behandlung. Dabei sind sie erst achtzehn und fünfzehn. Zudem stammen sie aus einer zerrütteten Familie, das ist ihr Schicksal, und meines. Wenn man noch dazunimmt, dass ich sie nicht mehr sehen darf, zeigt sich das vollständige Bild der Katastrophe. Ein bescheuertes Gericht dieser calvinistischen Festung hier hat mir untersagt, mich ihnen weiter als fünfhundert Meter zu nähern.

Mutter, ich denke mir, bei den Zwillingen, deinen großen Lieblingen, deinen *einstigen Mitbewohnern*, läuft garantiert alles bestens. Die Zwillinge sind die Einzigen, die mir ein wenig fehlen, euch vermisse ich eigentlich gar nicht. Ihr habt sie die ganze Zeit verwöhnt, genau wie Charlotte. Mich habt ihr in den Himmel gelobt, habt alle möglichen Talente in mir entdeckt, aber dafür musste ich auch oft als Sündenbock herhalten. So viel zur *Ausgangslage*. Ein dummes Arrangement, ein armseliges Remake von *Jenseits von Eden*.

Ich war dazu berufen, euch zu enttäuschen, nicht wahr? Es war sozusagen vorherbestimmt. Und ihr habt es geahnt, ich konnte es euch von den Gesichtern ablesen, schon als Kind. Ich habe mich euren Erwartungen nie gewachsen gefühlt.

Vater wollte, dass ich Arzt werde und eines Tages seine Praxis übernehme. Sein Vater hatte ja einmal bei null angefangen. Léon der Erste, ein echter Monarch. Er hat sich abgerackert, damit seine Söhne Jérôme und Lionel »ein gutes Auskommen« haben. Aus Pflichtbewusstsein ihm gegenüber hat Vater sich die Malerei aus dem Kopf geschlagen und ist Mediziner geworden. Er hat gehofft, dass ich mich genauso unterjochen lasse wie er und später seine Nachfolge antrete.

Aber ich habe dieses Joch nun einmal nicht ertragen. Ich habe der Medizin den Rücken gekehrt und mich ins Geschäftsleben gestürzt, ich stehe jetzt mit einem »Tempelhändler« – das sind Vaters Worte, so hat er Bankiers und Manager bezeichnet – auf einer Stufe. Möchtest du mir widersprechen, Vater? Wenn du deine Verachtung für meinen Beruf doch wenigstens ein bisschen verbergen würdest. Natürlich war es ein Trost für dich, dass zumindest Charlotte Ärztin geworden ist. Aber wie hätte sie als Kinderärztin deine Praxis übernehmen können, die doch vor allem von Greisen bevölkert war.

Dir, Mutter, hätte es gefallen, wenn ich Literatur studiert hätte. Die Literatur ist ja so ein Spleen von dir, eine alte Marotte. Wie viele Bücher hast du mir als Kind vorgelesen? Wie viele hast du mir zu lesen gegeben? Wenn ich verzweifelt war, hast du mich mit dem Erzähler in Dostojewskis *Aufzeichnungen aus dem Kellerloch* verglichen, einem Mann, der sich selbst und die Welt gleichermaßen verabscheut. »Ich bin ein kranker Mensch … Ich bin ein böser Mensch«, erinnerst du dich? Die Prophezeiung hat sich nun bewahrheitet. Ich bin krank und böse. Das bekomme ich auch von Ruth, diesem niederträchtigen Weib, und ihrem Anwalt die ganze Zeit zu hören. Bei jeder Verhandlung. Ich glaube, ich schreibe morgen weiter …

… Heute ist Montag. Ich war wieder bei meinem Therapeuten. »Schon früher fing mein Unglück an«, von diesem Gedanken ist er wohl nur schwer abzubringen – das ist Phädra. Das sagt Phädra zu Oenone, stimmt's, Mutter? Er heißt Yuri, mein Therapeut, ich bin zufällig auf ihn gestoßen, er wurde mir von niemandem empfohlen. Er meint, ich stehe mit mir selbst nicht im Einklang, ich sei innerlich gebrochen, was auch damit zusammenhänge, dass ich mit euch gebrochen habe, das sei die Ursache meines Leids.

Er vertritt die Ansicht, dass ich die Verbindung zu mir selbst wiederherstellen kann, indem ich die Verbindung zu euch wiederherstelle, Familienbande stärken die Immunzellen. Ziemlich an den Haaren herbeigezogen, oder? Das ist wieder so ein moderner Hexenkram, völlig absurder Quatsch.

Aber ich spiele da jetzt einfach mal mit. Ich werde den Brief aufgeben, ohne mir viel davon zu versprechen. Sonst fällt mir gerade nichts mehr ein. Was sollten wir uns schon zu sagen haben?

Ich glaube, ihr habt mir von Anfang an die Pest an den Hals gewünscht.

Boris, euer ausgeflogener »Kobold«

Genf, den 12. September

Liebe Kollegin,

ich habe gestern Abend Ihre E-Mail bekommen. Ich werde mich bemühen, Ihnen zu antworten, ohne dabei meine ärztliche Schweigepflicht zu verletzen und ohne das Vertrauen zu missbrauchen, das Ihr Bruder in mich setzt. Wie er in seinem Brief offenbar selbst geschrieben hat, ist er seit einiger Zeit bei mir in Behandlung, das ist kein Geheimnis.

Er hat mich aufgesucht, nachdem ihn seit zwei Monaten ein somatisches Leiden plagte. Ich möchte hinzusetzen: ein ziemlich schweres Leiden, ich darf Ihnen allerdings nicht verraten, welches. Er lässt mir freie Hand, was die Analyse seiner Familienverhältnisse angeht. Meine Prognose fällt eher düster aus, doch die emotionale Komponente ist ein ganz entscheidender Faktor in seinem Fall. Ihr Bruder spielt mit Selbstmordgedanken.

Ja, ich war derjenige, der ihn ermutigt hat, seinen Eltern zu schreiben, nachdem er mir gesagt hat, dass er jegliche Verbindung zu seiner Familie abgebrochen hat, weil ihm so viel Ungerechtigkeit widerfahren ist und es zu einigen Interessenskonflikten kam. Genaueres hat er mir nicht erzählt.

Boris macht auf mich einen hypersensiblen Eindruck, ein rebellischer Typ mit einem starken Freiheitsdrang, er kocht vor Wut und steckt voller Widersprüche. Er kämpft vor Gericht gegen seine Frau. Gleichzeitig hat er schreckliche Schuldgefühle gegenüber seinen Söhnen. Er muss sich aufgrund der Krankheit, die seinen Organismus extrem schwächt, anstrengenden Untersuchungen unterziehen, was die Sache noch komplizierter macht.

Er scheint mir unglaublich einsam zu sein, und ich betreue ihn daher parallel zu den Behandlungen anderer Spezialisten recht intensiv.

Anfangs wirkte er einigermaßen durchtrieben auf mich, ein schwieriger Charakter, dachte ich mir, nicht besonders umgänglich und gnadenlos gegen jeden, der sich ihm in den Weg stellt. In der Bank, in der er arbeitet, bekleidet er eine hohe Position, er ist eine gefürchtete und beneidete Führungskraft. Er hat in der Schweiz keine Freunde gefunden, bloß »die üblichen raffgierigen Schwindler und Hochstapler« kennengelernt, wie er sie genannt hat. Man spürt, dass sich unter der harten, zynischen Schale ein verletzliches Wesen verbirgt.

Er ist sich irgendwie selbst abhandengekommen, ist von seinen eigenen Gefühlen abgeschnitten, seitdem er von seiner Frau, seinen Kindern, seinen Eltern und seinen Geschwistern getrennt ist. Das Beste wäre in meinen Augen, wenn er wieder eine Beziehung zu seinen Angehörigen aufbauen könnte. Das wäre bei dem Unglück, das ihn erschüttert hat, sogar dringend nötig. Vielleicht kennen Sie ja dieses chinesische Sprichwort: »Man kann einen Vogel nicht daran hindern zu fliegen, doch man kann ihn daran hindern, dass er sich sein Nest im Haar eines Menschen baut.«

Ich diskutiere mit ihm darüber, ob ein Bruch mit der Familie tatsächlich eine Befreiung bedeutet oder nur für einen bestimmten Zeitraum befreiend wirkt und ob man durch so einen Bruch nicht vielmehr ein neues Problem schafft, anstatt ein altes zu lösen, egal, welchen Schmerz die Familie einem zugefügt hat. Ich weiß nicht, welche Haltung genau er einnimmt, aber immerhin hat er sich schon einmal bereit erklärt, seinen Eltern zu schreiben.

Seitdem er das getan hat, haben sich die Laborwerte und sein

Zustand leicht verbessert. Es wäre zu begrüßen, wenn der Austausch mit der Familie sich fortsetzen würde. Sie sollten ihn allerdings nicht bedrängen. Keine Telefonanrufe, keine unangemeldeten Besuche, das könnte ihn zu sehr aufregen. Schreiben Sie ihm. Aber bitte keine E-Mails, keine SMS, keine Nachrichten über die sozialen Netzwerke. Machen Sie es so wie er und ich: Schicken Sie ihm einen handgeschriebenen Brief. Der Verfasser eines Briefs ist dem Adressaten viel stärker präsent als der einer elektronischen Nachricht. Außerdem teilt man sich auf diesem Weg leichter mit.

Liebe Kollegin, ich hoffe, mein Schreiben ist Ihnen nützlich. Für weitere Fragen stehe ich gern zur Verfügung.

Mit freundlichen Grüßen
Yuri

Charlotte an ihren Bruder Boris

Paris, den 18. September

Mein großes Bruderherz,

Maman hat mir erzählt, dass du ihr und Papa geschrieben hast.
Wow, eine Nachricht von dir, und dann auch noch in Form eines
handgeschriebenen Briefs! Ich habe das Dokument nicht selbst in
Händen gehalten, Maman hat nur einige Passagen daraus zitiert.

Sie hat sich wahnsinnig gefreut. Dennoch kam sie mir vor wie
ein in sich zusammenstürzendes Haus. Papa hat gar nichts gesagt.
Dein Brief hat ihn schweigsam gemacht. Er zieht sich Tag und
Nacht in sein Atelier zurück. Wir haben keine Ahnung, was in ihm
vorgeht, er zeigt auch seine Bilder niemandem mehr. Maman stellt
immer ein Tablett vor seiner Tür ab, aber oft lässt er es einfach dort
stehen.

Du bist also krank. Aber du sagst nicht viel dazu, und das bringt
uns völlig aus der Fassung, wie du dir vorstellen kannst. Ich habe
auch gehört, dass es deinen Kindern nicht gut geht, dass du dich
scheiden lassen hast und dich mit Ruth bekriegst. All das macht
mich traurig und bereitet mir Sorgen. Wenn ich irgendetwas für
dich tun kann: Ich bin für dich da, auch wenn ich in deinen Augen
nur eine dumme Gans bin. Du weißt, du kannst jederzeit auf mich
zählen.

Boris, mein Schatz, du bist so wichtig für mich! Du bist mein
großer Bruder. Wenn mich in der Schule jemand blöd angemacht
hat, hast du ihn vermöbelt. Manchmal allerdings hast du mich auch

gequält. Ach, die Herr-und-Diener-Spiele, weißt du noch? Aber wir haben am Ende darüber gelacht, ich habe dich so vergöttert.

Sieben Jahre ist die denkwürdige Szene in der Rue Nicolas-Houël nun her, seitdem habe ich dich nicht mehr gesehen. Ich habe diese Szene noch genau vor Augen, sie endete damit, dass du laut die Tür hinter dir zugeknallt hast. Du hast unseren Eltern an den Kopf geworfen, dass sie mit Geringschätzung auf dich herabblicken, während sie mich immerzu in den Himmel loben. Du hast gemeint, das Ganze sei »eine Falle«. Es ist still geworden, nachdem du weg warst, keiner hat mehr ein Wort gesagt, weder Papa noch Maman noch ich. Von dem Moment an hast du auf keine unserer Nachrichten reagiert.

Vor drei Jahren habe ich meine Kontaktbemühungen eingestellt. Ich war zu dem Schluss gelangt, dass ich deinen Willen zu respektieren habe. Dass du für dich offenbar keine andere Möglichkeit siehst, als mit uns zu brechen. Aber ich hatte die Hoffnung nicht aufgegeben, ich dachte mir, wir werden früher oder später schon wieder zusammenkommen, wenigstens unserer Kinder wegen. Und ich war zuversichtlich, dass du das vielleicht auch denkst.

Ist dir eigentlich bewusst, dass es keine längere Beziehung gibt als die zu den Geschwistern? Drei unserer vier Großeltern liegen schon unter der Erde, Papa und Maman werden ebenfalls irgendwann sterben, aber du, ich, Luc und Mireille werden dann immer noch da sein, *normalerweise*. Unsere liebe Großmutter Noémie ist übrigens nach wie vor am Leben, das kann ich bestätigen, auch wenn sie mittlerweile dement ist und wir sie in einer speziellen Einrichtung untergebracht haben.

Boris, was wird aus uns werden, wenn unsere Eltern einmal nicht mehr sind? Werden wir überhaupt keine Verbindung mehr zueinander haben? Wird jeder für sich allein die Mühsal des Alters ertragen? Oder werden wir wie früher zusammen lachen und Seite an Seite unserem Schicksal begegnen? Wie werden sich unsere jetzigen Probleme auf die Zukunft auswirken, also nicht nur auf unsere eigene, sondern auch auf die unserer Kinder?

Ich sehe dich immer noch vor mir, wie du als kleiner Junge mit deinem Fahrrad die Abhänge hinunterrast, mit Sturzhelm, Ellbogen- und Knieschützern. Allein warst du immer am stärksten und besten. Dein Freiheitsdrang, deine Abenteuerlust, dein Hang zum Extremen, all diese Eigenschaften haben sich nicht groß verändert. Und sie haben das Verhältnis zu deinen Mitmenschen erschwert, nicht zuletzt das zu uns und das zu Ruth.

Aber so schlecht haben wir uns nicht verstanden, vergiss das nicht. Du hast Luc, Mireille und mich zwar immer gehänselt, weil wir manchmal bevorzugt worden sind und du eifersüchtig warst. Du hast es als ungerecht empfunden, dass du für uns verantwortlich warst, wir aber nicht für dich.

Trotzdem hast du auf uns aufgepasst und uns beschützt. Du hast uns geliebt, auch wenn es nicht so ausgesehen hat. Wir sind *ziemlich gut* miteinander ausgekommen, behaupte nicht das Gegenteil! Vielleicht sind wir ja sogar mehr als nur gut miteinander ausgekommen? Schau, Luc hat ein paar Ticks von dir übernommen: Er wippt ständig mit dem linken Bein, betätigt die Klospülung gern zweimal und zieht hie und da die Augenbrauen hoch, wenn Papa etwas sagt. Außerdem geht er öfter zum Klettern. Ich weiß, das ist nicht dasselbe wie deine Fahrradtouren, aber es ist immerhin auch Bergsport. Mimi ist vor Kurzem Mutter geworden, ihr Sohn heißt Boris, stell dir das vor. Sie hat sich einen Chinesen angelacht, wie ja nicht anders zu erwarten war, Liu, Dichter und Kalligraf aus Peking. Er schlägt sich ganz gut durch mit dem Französischen. Ich bin mir sicher, du würdest ihn mögen.

Um auf unsere Eltern zurückzukommen: Sie haben immer ihr Bestes gegeben. Sie haben natürlich auch Fehler gemacht, welche Eltern tun das nicht? Daran solltest du denken, wo du doch selber Vater bist.

Luc ist nach wie vor Junggeselle. Er hat zwar mal wieder eine neue Freundin, Rita, aber keine Ahnung, ob es diesmal etwas Ernstes ist. Er ist so unschlüssig in vielen Dingen, und so kann er sich auch nicht dazu entscheiden, eine Familie zu gründen.

Boris, Bruderherz, wir sind einmal aus demselben Bauch geschlüpft. Wir tragen denselben Namen, haben dieselben Großeltern, dieselben Onkel und Tanten, Cousins und Cousinen. Wir sind unter demselben Dach aufgewachsen, haben am selben Tisch gegessen und dieselben Klamotten getragen. Verdammt, wir waren doch die vier Musketiere! Einer für alle, alle für einen. Das war vor zwanzig Jahren. Mireille, Luc und ich sind unserem Schwur treu geblieben, bloß du nicht. Wie soll es nur weitergehen mit uns »in dieser unsicheren Welt«, wie Kafka in seinem *Brief an den Vater* schreibt?

Mit dieser offenen Frage möchte ich meine Zeilen beenden. Ich habe wie du mit der Hand geschrieben, wie dir aufgefallen sein wird. Dein Arzt hat vollkommen recht: Schluss mit E-Mails, SMS und Co. Zurück zu Tinte, Papier, Briefumschlägen und -marken!

Es ist frisch geworden unter dem tiefen, klaren Sonntagshimmel. Die Leute tragen wieder Strickjacken, und die Warteschlange an der Bushaltestelle in der Avenue des Gobelins wird auch wieder länger.

Du kannst mich jederzeit besuchen, oder ich würde auch zu dir nach Genf fahren, ganz wie du willst. Ich möchte dich einfach in den Arm nehmen und bei einem guten Glas Connemara-Whiskey mit dir reden – wie früher.

Alles Liebe
Deine Schwester Charlotte

PS: Noch ein Zitat von Luc: »Des gens comme nous, y en a des tas.« Leute wie uns gibt's jede Menge. Aber eigentlich ist der Satz ja aus einem alten Chanson, »Papa, maman, la bonne et moi« von Robert Lamoureux. Luc fährt total ab auf diese Oldies.

Charlotte an Yuri

Paris, den 18. September

Sehr geehrter Herr Kollege,

vielen Dank für Ihren Brief. Ich habe schon Boris geschrieben, nun wende ich mich – ebenfalls in handschriftlicher Form – an Sie.

Die Idee des Briefeschreibens überzeugt und begeistert mich. Ich verstehe Ihre Warnung vor allzu leidenschaftlichen Äußerungen. Ich werde versuchen, sie zu beherzigen.

Auch wenn ein Streit meine Familie entzweit hat, liegt ihr das Wohl von Boris und seinen Söhnen doch sehr am Herzen. Meinen Eltern ist klar, was diesen Bruch herbeigeführt hat, und sie sind bereit, die ganze Sache zu vergessen, da bin ich mir sicher.

Wie soll ich sagen? Ich hatte selbst den geheimen Wunsch, zu meinen Eltern ein wenig auf Distanz zu gehen, aber ich hätte mich niemals so radikal von ihnen abwenden können, wie Boris das getan hat. Ich hätte das ungeheuerlich gefunden, es wäre für mich unvorstellbar gewesen, ich hätte das nicht gekonnt. Ich fühle mich ihnen einfach innerlich verbunden.

Ich würde mich freuen, wenn sich unser Austausch fortsetzen würde. Vielleicht können Sie mich ein wenig anweisen, wie ich meinem Bruder helfen kann.

Beste Grüße
Charlotte

Sophie an ihre Kinder Mireille und Luc

Paris, den 19. September

Meine lieben Kinder,

große, wunderbare Neuigkeiten: Boris hat uns geschrieben! Nachdem er sieben Jahre lang überhaupt kein Lebenszeichen von sich gegeben hat!

»Tempus fugit«, die Zeit vergeht. Er hat uns geschrieben. Wir können es kaum fassen!

Es handelt sich um einen handgeschriebenen Brief, der auf *richtigem* Papier verfasst wurde und in einem richtigen Umschlag steckte. Er hat sich wirklich Mühe gemacht, er lebt doch eigentlich ganz in seiner künstlichen Bankenwelt. Ich bin absolut überwältigt. Ich habe einen Schrei ausgestoßen, als unser schicker neuer Postbote mir das Kuvert mit der Schweizer Briefmarke und der unverwechselbaren Handschrift überreicht hat.

Boris hat sich von Ruth scheiden lassen und wohnt jetzt allein. Man hat ihm den Umgang mit Mathias und Léon verboten. Eure beiden Neffen machen anscheinend Furchtbares durch. Mein Gott! Sie sind mittlerweile achtzehn und fünfzehn Jahre alt, könnt ihr euch das vorstellen? Boris ist krank, aber er sagt uns nicht, was er genau hat. Es ist allerdings wohl schon etwas Ernstes. Sein Arzt hat ihm geraten, uns zu schreiben. Und erstaunlicherweise hat er diesen Rat tatsächlich befolgt.

Charlotte ist bereits im Bilde. Sie hat gleich die Initiative ergriffen und Boris ebenfalls einen handgeschriebenen Brief geschickt.

Ich habe ihm auch gerade geschrieben. Und ich möchte euch in dieser außergewöhnlichen Situation bitten, ihm etwas Zuwendung entgegenzubringen.

Lasst uns kämpfen um unseren *Kobold*! Er braucht uns. Meldet euch bei ihm, zeigt ihm, dass ihr für ihn da seid, dass ihr für seine Nöte ein offenes Ohr habt.

Wir können ja noch mal kommenden Sonntag darüber sprechen, wenn ihr zum Hähnchentopf kommt.

Draußen ist schon Herbst. Der Regen peitscht gegen die Fenster, und ich gehe jetzt schlafen. Euren Vater habe ich heute gar nicht gesehen, er hat den ganzen Tag in seinem Atelier verbracht.

»Ach, welch ein banger Schmerz / Durchdringt und quält mein Herz?«

Herzlich
Eure Maman

Paris, den 19. September

Boris, mein *kleiner Kobold*,

dein Brief hat deinen Vater und mich sehr berührt und zugleich
extrem beunruhigt.

Aber erst einmal: Was für ein Glück, deine Handschrift auf einem Umschlag zu erkennen, das Papier zu befühlen, das zuvor du
befühlt hast, und deine handgeschriebenen Zeilen zu lesen!

Ich habe lange an dem Schriftstück gerochen, als würde es deinen Geruch verströmen, ganz das seltsame Säugetier, das ich nun
einmal bin. Mit klopfendem Herzen habe ich es wieder und wieder gelesen, die schräge Schrift und deine unerbittlichen, aber vor
Leben sprühenden Sätze so lange studiert, bis ich vor lauter Tränen
nichts mehr sehen konnte. Fast konnte ich dich spüren, du warst
so nah bei mir, ich habe deine Stimme gehört, ich höre sie auch
jetzt noch, wenn ich den Brief erneut zur Hand nehme. Es ist eigenartig, jemanden zu lieben, der sich dabei ungeliebt fühlt! Es ist, als
würden die Schreie meines Herzens ungehört verhallen.

Wir sind in großer Sorge um deine Gesundheit, um die Gesundheit deiner Kinder und um deine Familiensituation. Du hast Ruth
also verlassen. Nein, pardon, sie hat dich verlassen. So siehst du das
zumindest. Findest du nicht, dass das, was zwischen Ruth und dir
passiert ist, dem, was zwischen uns passiert ist, merkwürdig ähnlich ist? Du hast dich von uns abgewendet, weil du dich ungerecht
behandelt gefühlt hast und der Ansicht warst, dass wir dich nicht

lieben. Dass du von uns nur *Ablehnung* erfährst. Unfassbar! Glaubst du denn, wir haben uns nicht abgelehnt gefühlt, als du dich davongemacht hast? Das ist doch irgendwie ein perverses Spielchen, oder nicht?

Wie gerne würde ich dich wiedersehen und in meine Arme schließen! Dich, Mathias und Léon! Versuch es doch einzurichten und für ein paar Tage nach Paris zu kommen, mit oder ohne Kinder, bitte! Erzähl uns, was du auf dem Herzen hast. Wir werden dir zuhören und uns Mühe geben, Antworten zu finden. Und egal, wie aufschlussreich diese Antworten dann sein werden, wir können uns doch treffen und einander umarmen, großer Gott!

Stell dir vor, ich gehe in letzter Zeit wieder in die Kirche. Und sogar zur Beichte. Wir haben seit Neuestem einen irischen Pfarrer, Father Mulligan, er bleibt für ein Jahr in unserer Gemeinde. Seine nachdenkliche Miene, die Art, wie er den Kopf zur Seite legt, und sein sanfter, durchdringender Blick erinnern mich an Stendhal, auf dem Porträt von Dedreux-Dorcy. Er sagt, ich solle die Hoffnung auf ein Wiedersehen mit dir nicht aufgeben, und ich bin ihm dankbar dafür. Der Geistliche ist auch ein guter Psychologe. Als ich vor einiger Zeit in einer Biografie von Virginia Woolf gelesen habe, wie die Schriftstellerin einen großen Stein in ihren Mantel packte und ins Wasser ging, habe ich schon angefangen, mit eigenen Selbstmordgedanken zu spielen. Aber Father Mulligan hat mich wachgerüttelt. Er hat mich daran erinnert, welchen Schaden Simon mit seinem Suizid bei meiner Schwester und ihrer Tochter angerichtet hat.

Da fällt mir ein: Deine Cousine Rachel hat wieder ein Baby bekommen, eine Tochter. Ihren Mann Max hast du damals ja nur kurz kennengelernt. Er ist Verhaltensforscher und macht Experimente mit Ratten, Krähen und Primaten am Centre national de la recherche scientifique. Rachel arbeitet auch dort, in Teilzeit. Sie hantiert mit Ratten, na ja, jetzt weißt du Bescheid. Mir läuft es dabei eiskalt über den Rücken, ich darf gar nicht dran denken. Die kleine Émilie ist vor Kurzem sechs geworden. Sie ist Expertin im Grimassenschneiden und zuckersüß, wenn sie singt.

Der Regen steppt gerade auf den Pariser Straßen. »La pluie fait des claquettes«, wie in dem Chanson von Claude Nougaro. Heute Vormittag war es noch richtig schön. Ich war erst Kaffee trinken und bin dann im Jardin des Plantes spazieren gegangen. Die Ginkgos haben goldene und jadegrüne Blätter getragen, die Luft war erfrischend wie im Frühling.

Wenn mir diese jahrhundertealten Bäume doch ihr Geheimnis verraten würden, wie man so lange leben kann!

Jetzt gesellt sich dein Papa zu mir. Er möchte dir sagen, dass er dich von Herzen liebt. Er wird dir sicher selbst bald schreiben.

In Liebe
Deine Maman

Luc an seinen Bruder Boris

Paris, den 22. September

Hey, Alter,

ich hab gehört, dir geht's nicht so gut und meinen lieben Neffen auch nicht. Hoffentlich nichts Ernstes? Sag mir doch irgendwas Beruhigendes. Erzähl mir, dass Mathias immer noch Skateboard fährt und Léon nach wie vor Schach spielt!

Wahnsinn, was da alles über dich hereingebrochen ist. Du hast dich also scheiden lassen. Unter uns gesagt, es war der richtige Entschluss. Ich habe nie kapiert, wie du es mit dieser Ruth ausgehalten hast. Maman hat sie oft als Xanthippe bezeichnet. Bestimmt war sie es, die dich dazu gedrängt hat, den Kontakt zu uns abzubrechen, anders kann es eigentlich gar nicht sein. Oder ihr Vater, der Bankenchef.

Dein Brief an Papa und Maman hat unsere kleine Welt ziemlich durcheinandergewirbelt. Die Lage ist angespannt. Papa schließt sich den ganzen Tag in seinem Atelier ein. Maman kann nicht schlafen und rennt ständig in die Kirche. Sie hat Mireille und mir einen Brief geschrieben, nachdem sie zuerst dir geantwortet hat. Dann bin nun wohl ich an der Reihe. Ich glaube, ich berichte dir mal ein bisschen, was es so Neues gibt, aber vielleicht weißt du ja schon alles.

Mimi ist nach ihrem Sinologie-Studium für zwei Jahre nach Peking gegangen, hat dort einen Chinesen aufgerissen und ihn unauffällig mitgeschleppt. Sie hat vor Kurzem ein Baby bekommen, es war anscheinend eine etwas schwierige Geburt.

Irgendwie macht mich das völlig fertig. Ich heule allen Leuten die Ohren voll: Und was ist mit mir? Es kommt mir vor, als wäre ich der Einzige, der mit vierunddreißig noch keine Kinder in die Welt gesetzt hat; meine Ex-Freundin ist jetzt auch Mutter geworden. Vielleicht werde ich noch genauso enden wie unser Cousin Edward?

Weißt du, dass der Kleine von Mireille Boris heißt? Also echt, sie hätte ihn auch Luc nennen können, oder? Ich stehe ihr doch viel näher als du. Verflucht! Aber so sieht's aus, sie hat dich mir vorgezogen. Wahrscheinlich genießen Geschwister, die in der Ferne leben, mehr Ansehen.

Abenteuer habe ich natürlich schon. Mein aktuelles trägt den Namen Rita. Eine extrem scharfe Rothaarige mit Riesenbrüsten. Sie hat etwas von Julia Roberts und ist so arschcool wie Sonny Boy Williamson. Sie hat wirklich heiße Kurven, wie eine von diesen Khmer-Tänzerinnen, die ich mit Mimi in Kambodscha gesehen habe. »Apsaras« heißen sie, diese göttliche Nymphen. Maman betrachtet Rita als meine »neue Freundin«, Papa als »liederliches Frauenzimmer« – wenigstens terrorisieren sie mich jetzt nicht mehr damit, dass ich vielleicht mal mein Coming-out machen könnte.

Arbeitstechnisch habe ich einen kleinen Job als Musiklehrer in einer Jazzschule, sechs Stunden die Woche, das ist nicht viel, aber besser als nichts. Der Chef ist ein Freund von mir, er hat mir zu der Stelle verholfen. Die Schule liegt in der Rue du Faubourg-Saint-Denis, einen Katzensprung von meiner Wohnung entfernt. Harmonielehre, Kontrapunktik, Arrangements – damit kenne ich mich aus. Mir bleibt genug Zeit zum Üben und Komponieren. Ich will nicht ausschließen, dass ich irgendwann wieder als Tischler arbeiten werde, meine Gesellenprüfung habe ich schließlich bestanden, aber du weißt ja, wie ich immer prokrastiniere.

Charlotte arbeitet nach wie vor im Hôpital de la Salpêtrière. Sie kann zu Fuß von der Avenue des Gobelins aus dorthin laufen. Ihren Kindern geht's gut. Sabine wird demnächst fünfzehn, ich gebe ihr Klavierstunden. Die fünf sind eine harmonische Familie. Ernest unterrichtet immer noch an derselben Schule. Ich finde diesen Typen, unseren »Musterschwager«, wie du ihn manchmal genannt hast, echt lässig. Er trägt nach wie vor seinen Ziegenbart. Neulich haben wir seinen Vierzigsten gefeiert. Champagner, Petits Fours und einschläfernde Unterhaltungen, du kannst es dir ja vorstellen. Auf Sabines Bitten hin habe ich auf ihrem Yamaha-Keyboard einen Boogie-Woogie gespielt. Das hat die Stimmung dann doch ein bisschen angeheizt.

Ich höre gerade »Rainy Day Woman #12 & 35« von Bob Dylan. Ich sehe uns noch nebeneinander auf seinem Konzert im Pauley Pavillon stehen. Ich habe damals am Musicians Institute in Los Angeles studiert und bei unserer Cousine Maisy gewohnt. Das war irgendwann im Mai vor achtzehn Jahren. Du hast ein Praktikum in einem Krankenhaus in San Diego gemacht und mich bei Maisy mit einer gemieteten Harley abgeholt. Ich erinnere mich fast schmerzlich an dieses Konzert, wir waren bekifft und haben gegrölt:

They'll stone you when you're there all alone
But I would not feel so all alone
Everybody must get stoned

Spielst du eigentlich noch Gitarre, oder hast du aufgehört? Schau, ich hab dir einen kleinen Song auf CD gebrannt. Heißt »Brothers in Blues«, habe ich vor drei Jahren mal geschrieben, für dich. Na, erinnert dich das an was? Wie wir zusammen die *Blues Brothers* im Kino gesehen haben. Ich habe dich da reingeschleppt. Wir haben uns totgelacht. Hinterher warst du Jake und ich war Elwood. Hat den gleichen Shuffle-Rhythmus wie »Sweet Home Chicago«, na ja, wirst schon sehen. Oder vielmehr hören.

Und denk immer dran, dass wir im Grunde alle Sklaven sind, tanzende Sklaven.

But I would not feel so all alone
Everybody must get stoned

Ist ein komisches Gefühl, dir zu schreiben und so zu tun, als wäre überhaupt nichts passiert. Die Idee mit den handgeschriebenen Briefen ist ganz schön vintage. Jetzt muss ich bloß noch eine Scheißbriefmarke auftreiben und dann einen Briefkasten finden.

Dein Luc-Elwood

Charlotte an Yuri

Paris, den 22. September

Lieber Herr Kollege,

Ihnen ist es zu verdanken, dass meine Familie wieder Kontakt zu Boris hat. Aber Vorsicht ist die Mutter der Porzellankiste ... Nach so langer Zeit wieder in Verbindung zu treten ist eine heikle Sache. Außerdem ist Boris in einer schwierigen Situation, er ist krank und extrem empfindlich. Ich habe wahnsinnige Angst, irgendeinen Fehler zu machen! Wie soll man nun vorgehen? Wie ernst muss man seine Selbstmordgedanken nehmen? Ich hoffe, Sie können mir einen Rat geben.

Bis zu welchem Punkt müssen wir uns seine Beleidigungen gefallen lassen? Erwarten Sie, dass wir diesbezüglich nachsichtig sind, braucht er das? Ich bin bereit, mich in Duldsamkeit zu üben, mein Bruder Luc und meine Schwester Mireille halten seine ironischen und zynischen Bemerkungen ebenfalls aus. Bei meinen Eltern ist das etwas komplizierter. Sie sind alt, müde und vom Verhalten ihres ältesten Sohns tief verletzt. Mein Vater hat Probleme mit dem Herzen, meine Mutter weint leise vor sich hin. Ich frage mich, wie sie die Angriffslust meines Bruders ertragen können.

Noch etwas anderes: Meinen Sie, es ist eine gute Idee, ihn nach Paris einzuladen? Wir können ihn überall unterbringen, wo er will. Wenn er ärztliche Versorgung braucht, schalte ich meine Kollegen vom Hôpital de la Salpêtrière ein, verlassen Sie sich auf mich.

Aber natürlich müssten auch Sie mit Ihrer Behandlung aussetzen. Dann wäre das vielleicht doch nicht so klug?

Ich danke Ihnen im Voraus für Ihre hilfreichen Tipps.

Mit freundlichen Grüßen
Charlotte

Yuri an Charlotte

Genf, den 30. September

Liebe Charlotte,

danke für Ihren Brief.

Verzeihen Sie, wenn ich Sie diesmal nicht Kollegin, sondern schlicht Charlotte nenne. Aber Sie laden mich gewissermaßen dazu ein, da Sie mit Ihrem Vornamen unterschreiben. Außerdem sind Sie für mich ja vor allem Boris' Schwester, auch wenn unser Austausch professionellen Charakter besitzt. Ich weiß, dass Sie Ärztin sind und am Hôpital de la Salpêtrière viel mit misshandelten Kindern zu tun haben. Ich arbeite in meiner therapeutischen Praxis häufig mit Familien. Womöglich wird sich zeigen, dass zwischen Ihrer Arbeit und meiner allerlei Gemeinsamkeiten bestehen. Doch wie gesagt, vor allem sind Sie für mich Boris' Schwester.

Ihre erste Frage betrifft einen sehr wesentlichen Punkt. Nein, es steht nirgendwo geschrieben, dass Sie und Ihre Familie Boris' Anwürfe und Demütigungen hinnehmen müssen. Er darf nicht alle beleidigen, weil er das Gefühl hat, dass ihm Unrecht widerfahren ist. Er hat auch nicht alleine darüber zu befinden, was Recht und Unrecht ist. Die Gefühle der anderen zählen genauso wie seine.

Aber man kann einander ja trotzdem aufmerksam und respektvoll zuhören, auch wenn man gegenteiliger Ansicht ist. Deswegen braucht der Dialog nicht abzureißen. Man muss innerhalb einer Familie Meinungsverschiedenheiten austragen können. So wie die antiken Philosophen ihre Dispute ausgefochten haben.

Lassen Sie Boris seine Sicht der Dinge darstellen, er hat es nötig. Stellen Sie jedoch auch Ihre eigene Sicht dar, versteifen Sie sich aber nicht auf Ihren Standpunkt. Es geht bei Familienstreitigkeiten schließlich nicht darum, unbedingt recht zu behalten, sondern darum, dem anderen zu zeigen, dass man bei allem Dissens Anteil an seinem Leben nimmt, nicht wahr? Das macht das Menschsein doch aus, darauf kommt es in Beziehungen zu anderen doch an. Erlauben Sie mir, dass ich Ihnen ein vorzügliches philosophisches Buch zu diesem Thema empfehle, *Le paradoxe de Robinson,* Das robinsonsche Paradox von François Flahault. Vielleicht kennen Sie es ja schon?

Mir scheint, als würden Sie in diesem Konflikt zwischen Ihren Eltern und Ihrem Bruder stehen. Sie machen sich sowohl um Boris als auch um Ihren Vater und Ihre Mutter Sorgen. Sie nehmen gegenüber allen eine Mutterrolle ein. Iván Böszörményi-Nagy, ein ganz bedeutender Autor, hat dieses Phänomen als *Parentifizierung* beschrieben. Ich kenne Sie nicht, aber ich habe den Eindruck, dass Sie im Widerstreit der Interessen ein wenig die Schiedsrichterin spielen.

Zu Ihrer zweiten Frage: Ja, ich meine, es ist eine gute Idee, Ihren Bruder nach Paris einzuladen, es ist ja auch bald Weihnachten. Freut mich, dass Sie diesen Gedanken in Erwägung ziehen. Wegen der medizinischen Betreuung werden sich die Kollegen in Genf und die in Paris sicher verständigen können.

Was die Unterbrechung meiner Behandlung anbelangt, sehe ich kein Problem. Der Kontakt zur Familie ist deutlich wichtiger als der zum Therapeuten. Doch wenn es tatsächlich erforderlich sein sollte, kann er mich telefonisch jederzeit erreichen.

Herzliche Grüße
Yuri

Boris an Yuri

Sehr geehrter Herr,

es ist spät, ich kann nicht schlafen. Unter meinem Fenster johlen ein paar betrunkene Nachtschwärmer herum, doch das ist nicht der Grund für meine Schlaflosigkeit.

Vor mir steht mal wieder ein Wochenende ohne meine Söhne. Ich habe Angst vor dem Gefühl der Leere, das mich wohl überkommen wird, wenn ich morgen aufwache. Wahrscheinlich werde ich mit dem Mountainbike allein den Jurahöhenweg entlangfahren. Die herbstlichen Bäume werden bestimmt toll aussehen, das wird mich trösten, ich werde Sauerstoff tanken und ein wenig meine Melancholie vertreiben.

Sie haben mir in unserer heutigen Sitzung empfohlen aufzuschreiben, wie es ist, als ältester Sohn einer Familie aufzuwachsen. Ich will es versuchen – wenn auch mit etwas Widerwillen.

Ich bin also der Älteste von vier Geschwistern. Meine Schwester Charlotte, mit der Sie einen Briefwechsel unterhalten, ist zwei Jahre jünger als ich. Die Zwillinge, ein Mädchen und ein Junge, sind vier Jahre nach Charlotte auf die Welt gekommen. Das heißt, der Altersunterschied zwischen ihnen und mir beträgt sechs Jahre. Als ich angefangen habe zu onanieren, haben Luc und Mireille noch Cornflakes gegessen und Armbänder geflochten.

Der Älteste zu sein stellt einen gewissen Wert dar. Man hat seinen Geschwistern Welterfahrung voraus. Sie orientieren sich an einem. Das hat nun Vor- und Nachteile. Man ist der Anführer der Truppe, der den anderen mutig den Weg bahnt, aber man agiert eben auch ungeschützt an vorderster Front.

Aber erst einmal zu den Vorteilen: Ich war immer der Erste, dem der Teller gereicht wurde, der Erste, der etwas Neues zum Anziehen bekommen hat, der Erste, der lange aufbleiben und allein weggehen durfte. Außerdem konnte ich über die Kleinen bestimmen. Ich war der Stärkste, bis Luc irgendwann mehr Muskeln hatte als ich. Ich galt als der Schlauste, bis Charlotte irgendwann Medizin und Mireille Sinologie studiert hat, bis Luc Musik und eine Tischlerlehre gemacht hat.

Jetzt zu den Nachteilen: Als Ältester ist man den schrecklichen Neuankömmlingen, einer gierigen Horde kleiner Wilder, völlig hilflos ausgeliefert.

Die Invasion verlief in zwei Schritten. Erst ist eine wahnsinnig süße Schwester zur Welt gekommen. Das war noch nicht der größte Horror. Es folgten eine weitere wahnsinnig süße Schwester und ein wahnsinnig goldiger Bruder, zwei Monster auf einmal. Ein harter Schlag. Da war ich der Gelackmeierte. Mein Stern sank, bevor die Show richtig begonnen hatte.

Wie ist es mir ergangen, als ich mir dessen bewusst wurde? Ich war gelinde gesagt frustriert. Ich war wütend und panisch, ich war vollkommen außer mir. Zuvor hatte mich meine Mutter ja vergöttert, zu sehr vielleicht.

Weil ich der Älteste war, musste ich stets den Tisch abwischen, die Spülmaschine einräumen, den Müll runterbringen und meine Geschwister abfragen, es war eine einzige Fron. So etwas gibt es heute überhaupt nicht mehr, ich habe ja erlebt, wie es in meiner eigenen Familie zugegangen ist: Der Ältere sitzt nur noch am Computer, die anderen spielen PlayStation oder tippen auf ihren Smartphones herum, niemand kümmert sich mehr um den Abwasch, man isst nicht einmal mehr zusammen, der Müll stinkt vor sich hin, die Kinder tanzen ihren überforderten Eltern auf der Nase herum.

Ein weiterer Punkt ist: Man trägt Verantwortung gegenüber seinen jüngeren Geschwistern. Man ist so etwas wie der Stellvertreter der Eltern. »Bin ich der Hüter meines Bruders?«, hat Kain erzürnt ausgerufen. Wenn Charlotte im Swimmingpool ertrunken wäre, wäre es meine Schuld gewesen. Wenn Mireille auf dem Jahrmarkt davongelaufen wäre, wäre es meine Schuld gewesen. Wenn Luc sich verschluckt hat, war es meine Schuld, eine sehr schwere Schuld, und wenn er mich verhauen und sich dabei wehgetan hat, war es auch meine Schuld. Und so weiter. Umgekehrt hatten meine drei Geschwister keine Verantwortung mir gegenüber. Meine Rolle mag sich aus einer natürlichen Ordnung heraus ergeben, sie ist dennoch undankbar.

Ich war deswegen meinen Geschwistern gegenüber oft hartherzig, gleichgültig, geringschätzig und kalt. Nur wenn sie krank waren oder Probleme hatten, war ich nett. Dann konnte ich sehr liebevoll sein und ihnen gut zureden. Manchmal habe ich mich auch als allwissender großer Bruder aufgespielt. Ich habe etwa Luc in die Geheimnisse des Lebens eingeweiht, ihm gegenüber andere Meinungen als unsere Eltern vertreten, ihm Skepsis und Materialismus beigebracht.

Meine Eltern waren immer der Ansicht, dass ich ein gutes Beispiel zu geben habe, dass die anderen sich an mir orientieren sollen. »Sei ihnen ein Vorbild«, war so ein verhasster Satz, den ich häufig zu hören bekommen habe, er war sozusagen das Leitmotiv meiner Kindheit und Jugend. Und ich? Welchem Beispiel konnte ich folgen? Vielleicht ist das ja das typische Problem eines großen Bruders: dass er selbst einen großen Bruder bräuchte.

An dem Tag, an dem ich mein Rudel verlassen habe, an dem ich kein Vorbild mehr sein wollte, mich aus meiner Verantwortung gezogen habe, habe ich meinen Status als Ältester verloren und auf sämtliche Rechte verzichtet, das ist mir klar. Ich bin davongelaufen wie ein Dieb, ich bin jetzt das schwarze Schaf, der Böse. Ich war damals zwar erleichtert, aber trotzdem hat dieser Bruch, wie Sie wissen, ein seltsames Gefühl der Bitterkeit in mir hinterlassen.

Wenn ich manchmal beobachte, wie meine Söhne miteinander umgehen, erinnert mich das an Szenen, die ich einmal mit Charlotte oder den Zwillingen erlebt habe, ich spüre dann jedes Mal einen Stich im Herzen. Mathias ist der Ältere der beiden. Er tut mir irgendwie leid, was mich jedoch nicht davon abhält, von ihm ständig das zu fordern, was man früher von mir gefordert hat. Da ist der Nachahmungstrieb stärker als der Wille.

Wie funktioniert dieses Höllengetriebe? Ist das alles genetisch bedingt? Was wird denn noch so weitergegeben von Generation zu Generation?

Ich rede mit Mathias und Léon nicht über solche Dinge, ich bin oft schrecklich unterkühlt, wenn ich mit ihnen zusammen bin. Ich fühle mich schuldig deswegen. Mein Vater hat zu seinen Kindern auch immer Distanz gewahrt. Er hat uns wohl schon geliebt, aber er hat seine Gefühle eben nie ausgedrückt.

Komisch, wie sich alles wiederholt, oder?

Vielleicht nennt man das Familienschicksal? Gibt es eine DNA des Geschlechts, eine Prägung, die man nie abstreifen kann? Sind wir dazu verdammt, solange dasselbe Szenario durchzuspielen, bis das Geheimnis entschlüsselt ist?

Worte, Worte, nichts als Worte.

Alles Gute
Boris

Zweiter Akt

»Viele Gefühle sind so
wie gar keine Gefühle.«

Paris, den 1. Oktober

Liebe Maman,

unsere Familie hat an diesen handgeschriebenen Briefen ja anscheinend Geschmack gefunden. Dann möchte ich auch mal einen Beitrag leisten. Ein Brief geht an dich, ein anderer an Charlotte.

Boris' Rückkehr ist eine großartige Neuigkeit, auch wenn er uns, seinen Nächsten, offensichtlich nicht gerade das Beste wünscht. Obwohl er uns eigentlich nur beleidigt, hast du vollkommen recht, uns dazu zu ermuntern, nett zu ihm zu sein.

Aber wird das reichen? Ich fürchte kaum. Freundlichkeit allein wird uns nicht dauerhaft versöhnen. Wir müssen uns selbst infrage stellen und anerkennen, dass wir Boris unrecht getan haben.

Damit meine ich uns alle: dich, Papa, Charlotte, mich, aber auch Luc, dem Boris am wenigsten böse zu sein scheint.

Achtung, es folgen ein paar Binsenweisheiten.

Wir sind nicht nur blutsverwandt, ein Familienband wird auch dadurch geknüpft, dass man jahrelang unter demselben Dach wohnt, gemeinsam den Alltag bewältigt, Gefühle füreinander empfindet, sich aneinander gewöhnt und sich gegenseitig beeinflusst. Jeder von uns hat jedem seinen Stempel aufgedrückt, es hat ein *Printing*, eine Prägung stattgefunden, wie Verhaltensforscher wie mein Cousin Max gerne sagen. Das Zusammenleben hat Spuren bei uns hinterlassen, es rauscht in uns wie ein Fluss, auch wenn die Kleinen das Nest mittlerweile verlassen haben, jeder sein eigenes Leben lebt und seine persönliche Bilanz zieht, was ihm Freude bereitet und was ihm Leid zugefügt hat.

Maman, es war dir immer daran gelegen, dass wir eine harmonische Familie sind, oder zumindest war dir daran gelegen, das Bild einer solchen Familie aufrechtzuerhalten. Von unserer frühesten Kindheit an hast du dich darum bemüht. Ich erinnere mich noch, wie du kontrolliert hast, ob wir auch ordentlich angezogen waren, unsere Kleider schön kratzten, die Frisuren richtig saßen und unsere Nägel sauber waren, wenn wir uns zusammen in den Gottesdienst aufmachten. Die Erstkommunion, was für eine Nummer! Ein stolzes Ereignis, das ins Familienalbum einging. *Halleluja!*

Du hast uns die ganze Zeit herumkommandiert und dich ins Zeug gelegt, dass wir keine unanständigen Wörter benutzten, uns bei Tisch tadellos benahmen, die Gabel zum Mund führten und nicht umgekehrt den Mund zur Gabel, das Fleischmesser nicht mit dem Fischmesser verwechselten, höflich zu den Erwachsenen waren, »Danke«, »Bitte« und »Nach Ihnen« sagten. Du hast uns deine Lieblingsschriftsteller vorgelesen und von uns verlangt, dass wir uns jeden Tag ein wenig einer Lektüre widmen, du hast uns das Fernsehen verboten – was im Nachhinein betrachtet eigentlich ganz gut war, Liu und ich haben jetzt auch keinen Fernseher mehr.

Deine Erziehung war deprimierend, zermürbend und nervtötend, wenn du es genau wissen willst. Trotzdem bin ich dir heute dankbar. Du hast uns viel mit auf den Weg gegeben, du hast einen hohen Preis dafür bezahlt.

Aber kannst du ein paar kritische Anmerkungen zu unserem Familienleben ertragen? Wir haben sicher oft ein gutes Bild abgegeben, aber war da nicht etwas faul, wie im Staate Dänemark? Du hast immer eifrig das Image der »Arztfamilie« gepflegt. Friedlich, unfehlbar. Niemand sagt je ein falsches Wort. Es hat dir gefallen, diese Harmonie vor Freunden und Gästen zur Schau zu stellen, in gedämpfter Wohnzimmeratmosphäre Macarons anzubieten, Schubertlieder zu singen und russische Schriftsteller zu zitieren.

Die Wirklichkeit sah anders aus. Papa und du, ihr habt euch viel gestritten, auch wenn es nie zu richtig heftigen Szenen gekommen ist. Die Stimmung war vergiftet, aber niemand hat es gewagt, sich zu beklagen. Du wolltest nicht zugeben, dass der Haussegen schief hängt, und du wolltest auch nicht bemitleidet werden. Jedes Mal, wenn Charlotte und ich versucht haben, dich zu trösten, hast du eine versteinerte Miene aufgesetzt.

»Etwas ist faul im Staate Dänemark.« Das hast du tatsächlich vor dich hin gemurmelt, wenn Papa vom Tisch aufgestanden und wieder in die Praxis oder in sein Atelier gegangen ist, weißt du noch? Deine Art, uns für Shakespeare zu sensibilisieren.

Erinnerst du dich, was wir für ein Theater gespielt haben, um aller Welt und uns selbst zu zeigen, dass wir sechs eine einträchtige Familie sind? Unsere Rollen hatten etwas Karikaturenhaftes. Boris war dein Lieblingskind, dein *Kobold*. Der unergründliche, rebellische Sohn. Du hast ihm hinter Papas Rücken alles durchgehen lassen. Charlotte war die Brave, die Verantwortungsvolle und Zuverlässige. Luc und ich waren die »Zwillinge«, die zarten Küken, bis Luc irgendwann der pfiffige Schlaumeier wurde, der er heute ist, und ich die Antigone oder Cordelia aus *König Lear*, mit der Papa mich gern vergleicht, was mich irgendwie ärgert und mir doch auch gefällt.

Diese Rollenverteilung hat unser Verhältnis belastet und letztlich verdorben. Die schwierigste Rolle hatte meiner Meinung nach Boris inne, er hat sie immer noch inne. In ihn wurden die größten Hoffnungen gesetzt, er sollte sie enttäuschen. Er hat sich von der Medizin abgewandt, er ist nicht in Papas Fußstapfen getreten, er ist lieber ins Geschäftsleben eingestiegen. Aber auch wenn er euch enttäuscht hat, hat er sich doch in gewisser Weise loyal verhalten, ist dir das eigentlich klar? Er musste sich entscheiden, ob er ein guter oder ein schlechter Sohn sein wollte. Ich habe mittlerweile ganz stark folgenden Eindruck: Um ein guter Sohn zu sein, hatte er gar keine andere Wahl, als mit seiner Familie zu brechen. Das klingt ein bisschen verrückt, aber es stimmt.

Unsere Aufgabe ist es jetzt, ihn *wiederherzustellen*, so wie man ein beschädigtes Kunstwerk wiederherstellen würde. Wir sind genauso durcheinander wie er, das darf man dabei nicht vergessen. Nicht Boris ist das Problem, sondern das familiäre Gebilde, das uns über den Kopf gewachsen ist, ein Beziehungsgeflecht, in dem alles nur Schein ist, ein falsches Gemeinschaftsgefühl. In unserer Familie hat im Grunde nie jemand irgendwelche Gefühle ausgedrückt, weder du noch Papa noch wir Kinder. Das bedeutet nun nicht, dass wir nie Gefühle füreinander hatten, im Gegenteil. »Viele Gefühle sind so wie gar keine Gefühle«, sagt Du Mu, ein großer chinesischer Dichter. Ich habe dir den Vers in Schönschrift abgeschrieben, du kannst ihn dir als Motto in den Salon hängen:

多情却似總无情

Ich schäme mich, weil ich mich gar nicht mehr bei Boris gemeldet habe, nachdem ich mich ja zwei Jahre lang sehr um den Kontakt zu ihm bemüht habe. Irgendwann bin ich es leid geworden, er wollte nichts mehr von mir wissen. Er hat unserer Beziehung ein jähes Ende gesetzt. Aber ich möchte ihn sehen, ihn an mich drücken, wie du. Ich habe meinen Sohn nach ihm benannt. Wir hätten ihm auch einen anderen Namen geben können, einen chinesischen zum Beispiel, Liu hätte sich gefreut. Aber ich wollte, dass mein Sohn Boris heißt. Ich habe jetzt die Möglichkeit, ihn besser zu behandeln als meinen großen Bruder.

Stell dir vor, der Fachbereich Chinesisch der Universität Genf hat mich eingeladen, im Dezember ein interdisziplinäres Seminar zu halten. Ich werde meine Forschungen über Vandermeersch vorstellen, den Sinologen, über den ich meine Habilitation schreibe. Eine schöne Gelegenheit, Boris zu sehen, wenn er sich denn zu einem Treffen bereit erklärt! Ich werde ihm demnächst mal schreiben und ihm eine Verabredung vorschlagen.

Und weißt du, worum es in diesem Seminar genau gehen wird? Um Vandermeerschs Arbeit über die »Pflicht der Zurechtweisung«. Diese Pflicht erlegte im alten China der Kaiser seinen Ministern auf. Die Minister sollten ihre Missbilligung zum Ausdruck bringen, wenn sie mit einer Entscheidung, einem Dekret oder dem Verhalten Ihrer Majestät nicht einverstanden waren. Stimmte der Herrscher dem Einwand zu, wurden sie belohnt. Lehnte er ihn ab, wurde ihnen der Kopf abgeschnitten.

Maman, bitte schneide mir wegen dieses Briefs nun nicht den Kopf ab. Und verschone auch Boris, selbst wenn er Papa und dich beschuldigt!

Ich würde mir wirklich wünschen, dass ihr (genauso wie Charlotte und Luc, denen ich eine Abschrift schicke) über meine Zeilen nachdenkt.

Liu gesellt sich gerade zu mir, er lässt euch herzlich grüßen. Wir kommen euch bald besuchen, und dann machen wir mit dem kleinen Boris einen Spaziergang im Jardin des Plantes.

Eure kleine Perle Mimi

Edward an Lionel

New York, den 1. Oktober

Lieber Onkel Lionel,

ein Jahr haben wir uns jetzt nicht mehr gesehen. Ich hoffe, dass es dir gut geht und du eifrig malst. Die Farben des Central Park im Herbst würden dir bestimmt gefallen. Nach einer kurzen Kälteperiode hat mittlerweile der Indian Summer Einzug gehalten, es ist herrlich. Die Ulmen schillern gelb, rot, leuchtend orangefarben, gelegentlich kirschrot. Der See glänzt im Sonnenuntergang, und die sich auf dem Wasser spiegelnden Wolkenkratzer haben etwas Schwindelerregendes.

Als ich vor ein paar Tagen im MoMA war, habe ich an dich gedacht, als ich zwei Gemälde betrachtet habe. »Badender« von Cézanne und »Junge mit Pferd« von Picasso. Diese Bilder strahlen die gleiche Sinnlichkeit aus wie deine Stillleben oder die privaten Porträts von Sophie auf indigoblauem Grund.

Aber das ist nicht der Grund meines Schreibens, oder zumindest nicht nur.

Du weißt, dass ich einen ganz guten Draht zu Boris habe. Ich melde mich bei ihm, wenn ich in Genf bin, und dann treffen wir uns und trinken zusammen ein paar Whiskys. Manchmal geht unter schallendem Gelächter ein Glas zu Bruch, als säße Apollinaire bei uns am Tisch.

In letzter Zeit habe ich den Eindruck, dass Boris sehr einsam ist. Ich weiß, dass er euch geschrieben hat und deine Frau und deine

Kinder ihm geantwortet haben. Und dass alle richtige Briefe schreiben, mit der Hand, wie früher. Jetzt mache ich es auch mal so. Ich hoffe, meine Schrift ist einigermaßen leserlich.

Ich glaube an die Kraft handgeschriebener Texte. Schreiben ist Zeichnen, das hat Paul Klee gesagt, oder? Und es frischt das Gedächtnis auf. Wer schreibt, hinterlässt außerdem Spuren. »Scripta manent«, das Geschriebene bleibt. Altes lateinisches Sprichwort.

Also schreib deinem lieben Sohn. Vergiss euren Streit. Überlass nicht alles deiner Frau und deinen Kindern, schick ihm einen Brief. Eine Nachricht von dir könnte einiges bewegen, davon bin ich fest überzeugt. Würde sich euer Verhältnis verbessern, dann würde sich möglicherweise auch das von Boris zu seinen Söhnen verbessern.

Tritt nicht in die gleiche Falle wie dein Bruder. Keine falsche Scheu vor Gefühlen. Auf dem Gebiet sind mein Vater und ich Experten. Wir können stundenlang über alles Mögliche reden, nur nicht über uns selbst. Als wäre das etwas Unanständiges. Aber ich habe ohnehin das Gefühl, dass er mir nie richtig zuhört. Er wirkt immer irgendwie geistesabwesend. Maisy geht es mit ihm übrigens genauso.

Ich habe in den vergangenen Wochen zufälligerweise ein paar Bücher gelesen, in denen es darum ging, wie die Familienverhältnisse das Leben bestimmen. In den düsteren, grausamen Stücken von Eugene O'Neill wimmelt es nur so von Inzest, Verzweiflung und Selbstmorden. Sie beschreiben ein seltsames Phänomen: Wie Verhaltensmuster von Generation zu Generation weitergegeben werden. Faulkners Romane spielen oft in der biblisch anmutenden Yoknapatawpha County und handeln von Familien, auf denen ein Fluch lastet. Auch in diesen Familien tritt das Wiederholungsschema deutlich zutage. Man findet diese Familiendramaturgien natürlich auch bei zahlreichen französischen Schriftstellern wieder, etwa bei Balzac, Zola oder Roger Martin du Gard, von dem ich gerade *Die Thibaults* ausgelesen habe.

Ich glaube, ich habe angefangen, diese Bücher zu wälzen, als ich gehört habe, dass in meiner Familie neuerdings ein reger Briefverkehr herrscht. Ich habe Lust, in den Chor mit einzustimmen, schließlich gehöre ich auch dazu. Bei den Autoren, die ich jetzt genannt habe, kommt es einem oft so vor, als würden diese über Generationen hinweg immer wieder auftretenden Verhaltensweisen von irgendwelchen unsichtbaren Mächten hervorgerufen werden, die den Familienkarren vorantreiben.

Passiert so etwas nur in frei erfundenen Familien? Vielleicht ist unsere Familie ja auch reine Fiktion? Die Ausgeburt einer leicht wirren Fantasie? Wer weiß. Vielleicht existieren wir nur in der Vorstellung von irgendjemandem? In der von Sabine, die jetzt in diesem Augenblick unsere Charaktere entstehen lässt? Sie denkt sich doch immer gern Geschichten aus und schwelgt in romantischen Erinnerungen.

Ich glaube, wir brauchen erdachte Geschichten, um die Wirklichkeit schärfer zu sehen. Es sind gerade diese Geschichten, die das Leben oft am besten widerspiegeln, die die klügsten Gedanken vortragen und den nachfolgenden Generationen im Gedächtnis bleiben.

Na ja, so weit. Ich beschwöre dich, lieber Onkel, schreib deinem Sohn.

Alles Liebe
Dein Neffe Edward

Ach, ich wollte dir noch *Vier Generationen unter einem Dach* von Lao She empfehlen. Köstliche Geschichten, ein ganz wunderbarer Autor. Aber kauf dir das Buch nicht, ich bringe es dir mit, wenn ich bald nach Paris komme. Du wirst es gar nicht mehr aus der Hand legen können, da bin ich mir ziemlich sicher.

Boris an seine Mutter Sophie

Genf, den 2. Oktober

Mutter!

Dein Brief ist so typisch für dich!

Der Satz, der mir am meisten im Gedächtnis nachhallt, lautet: »Das ist doch ein perverses Spielchen …« Mit anderen Worten: Du kannst dich nicht recht entscheiden, ob du dich schuldig fühlen oder mir böse sein sollst, stimmt's?

Welche Rolle willst du denn nun übernehmen in dem perversen Spielchen? Warum stellst du dich eigentlich selbst nie infrage? Warum vertraust du dich einem irischen Beichtvater an? Warum nicht Vater? Warum nicht einem deiner Kinder? Warum nicht mir?

Du bittest mich, nach Paris zu kommen. Du möchtest, dass wir einander umarmen und alles wieder so wird wie früher. Du möchtest, dass ich daran glaube, dass das möglich ist, so wie du daran zu glauben scheinst. Kaum hat mich ein Psychiater dazu überredet, euch zu schreiben, schon erledigen sich alle Probleme wie von selbst. Die schöne Arztfamilie endlich versöhnt, ach! Sag mir, für wen führen wir das Stück denn diesmal auf?

Mach dir keine Illusionen, meine Liebe. Dein *Kobold* wird seinen »Hintern nicht bewegen«, wie Papa zu sagen pflegt, er wird nicht reumütig heimkehren wie der verlorene Sohn. Ich habe keinen Bock, bei euch zu übernachten, und bei Charlotte oder Mireille auch nicht. Höchstens vielleicht bei Luc, aber ich möchte ihn auch nicht mit dem *Kobold*-Virus anstecken. Nicht dass er am Ende noch meinem Vorbild folgt. Bleibt wohl nur das Hotel.

Du fühlst dich von mir im Stich gelassen? Du hast mich zuerst im Stich gelassen, du hast ständig versucht, mich zu vereinnahmen. Ja, ich habe mich gerächt. Du wolltest immer, dass ich so werde wie du, du hast deine Wünsche als meine ausgegeben und warst entschlossen, dich gegen Papas Wünsche durchzusetzen. Er wollte einen Arzt aus mir machen, du einen Literaten. Ich habe euch beiden eine Abfuhr erteilt. Ich habe euch verlassen und bin in die Finanzwelt gegangen, also quasi in die Hölle. Ich habe mich verhalten wie Stephen Dedalus in *Ulysses* von James Joyce, der zu seiner Mutter sagt, als diese ihm im Traum erscheint: »Nein, Mutter. Lass mich in Ruhe und lass mich leben.«

Aber eigentlich habe ich ja gerade eine ganz andere Baustelle. Ich muss einen Prozess gegen Ruth führen. Das solltest du sehen, wie diese Hexe sich im Gerichtssaal aufführt, wie sie verbal austeilt und mich als Monster hinstellt. Sie behauptet, ich hätte vor meinen Söhnen Haschisch geraucht und mir mit ihnen zusammen Pornofilme angeschaut. Ich könnte sie erwürgen, diese Hyäne.

Anfangs wollte ich mir gar keinen Anwalt nehmen. Ich dachte mir, ich bin der in Ungnade gefallene, gedemütigte Vater, dem man seine Kinder weggenommen hat, ich verteidige mich selbst. Aber das Gericht ist geistig etwas beschränkt. Unschlüssig, gehemmt, ängstlich. Diese Leute haben einfach keine Persönlichkeit, sie schrecken vor ihrer eigenen Macht zurück. Haben sie überhaupt was im Kopf? Wozu brauchen diese Feiglinge Gutachter? Sie schützen immer automatisch die Mutter vor dem Vater, wenn sie mit ihrem Latein am Ende sind, etwas anderes kennen sie gar nicht. Seit wann gibt es diese Gutachter? Ist das zurzeit in Mode?

Über meine Anwälte will ich gar nicht erst reden, mich widern diese Typen an. Letztlich habe ich sie doch zurate gezogen. Lauter Schweinehunde. Blutsauger, arrogante, selbstherrliche Erpresser, die nur gut reden können. Sie machen einen auf finsteren Dandy, aber in Wirklichkeit sind sie total korrupte, neunmalkluge Geschäftemacher. Der Einzige, der mir halbwegs vertrauenswürdig erschien, ist nach Rom gegangen. Er hat mir einen Kollegen in Lausanne empfohlen, das ist sechzig Kilometer von hier entfernt. Er betont seine Unabhängigkeit, indem er jedes Mal verreist, sobald das Wetter wechselt. Aber er ist ein guter Verteidiger.

Du wirst sagen, ich neige wie so oft zu Übertreibungen. Aber versetz dich mal in meine Lage, verdammt. Ich sehe meine Kinder nicht mehr, es heißt, sie wollen mich nicht mehr sehen! Aber meine Söhne lieben mich, das weiß ich! Das Ganze ist völlig absurd.

Ruths Privatdetektiv will mich vor Kurzem dabei beobachtet haben, wie ich in Schlangenlinien durch mein Viertel gekurvt bin, das angebliche Genfer Sündenviertel um die Rue des Pâquis. Jetzt habe ich auch noch Anschuldigungen wegen Alkoholismus am Hals. Und die Krönung ist, dass dieser Detektiv Fotos geschossen hat, auf denen ich mit zwei Prostituierten zu sehen bin. Das macht mich vollends fertig. Ich werde also für einen »polymorphen Perversen« gehalten, so hat es einer von diesen dummen Gutachtern ausgedrückt.

Jetzt weißt du, was los ist, Mutter! Man hat mich als Perversen bezeichnet! Als narzisstischen Perversen! Aber so ergeht es heutzutage jedem, der einen Schwanz trägt. Die Gesetze werden von blutrünstigen Medien und aufgebrachten Müttern gemacht, die sich für pickelige Journalistinnen als Opfer inszenieren.

Mutter, meine Kinder entgleiten mir. Sie befinden sich in der Gewalt der Behörden. Dieses Amtsgesindel hat sich gegen die Väter dieser Welt verschworen und unterstützt hysterische Weiber wie Ruth. Mir bleiben nichts als ohnmächtige Wut und Hass, die mich letztlich dem Monster ähnlich machen, das man in mir sieht.

Das Einzige, was ich dagegen tun kann, ist, mich bis zur Besinnungslosigkeit zu betrinken. Wie sagte mein Cousin Edward einmal so schön mit den Worten von W. C. Fields: »I drink therefore I am.« Ich trinke, also bin ich. Ich halte mich ran. Habe ich eine andere Wahl?

So sieht's aus. Dem ist wohl nichts mehr hinzuzufügen.

Bis die Tage vielleicht, wer weiß?
Boris

Paris, den 2. Oktober

Lieber Herr Kollege,

Boris' Brief hat eine Art Dominoeffekt in meiner Familie ausgelöst. Alle haben angefangen zu schreiben. Boris hat nicht nur von mir, sondern auch von unserer Mutter und Luc Post bekommen. Ich habe von Boris nun allerdings noch keine Antwort erhalten. Meine Mutter hat darüber hinaus Luc und Mireille ein paar Zeilen geschickt. Meine kleine Schwester hat einen regelrechten Brandbrief an meine Mutter verfasst. Ein weiteres Schreiben, das an mich gerichtet sein wird, ist in Vorbereitung, wie mir mein Schwager Liu am Telefon verraten hat.

Es ist also einiges in Bewegung geraten. Das Familienschiff stampft, es ist bereits schwer beschädigt, befindet sich in akuter Seenot; wir schweben zwischen Hoffen und Bangen, doch vielleicht ist es noch zu retten.

Gestern, als ich das Zimmer meiner Tochter Sabine betreten habe, war sie dabei, einen Brief an ihren Cousin Léon aufzusetzen, können Sie das glauben? Sabine und Léon sind beide fünfzehn, sie haben sich nicht mehr gesehen, seitdem Boris nach Genf gezogen ist. Damals waren sie acht Jahre alt. Wie die Zeit vergeht. Man hat meiner Tochter ihren Cousin sozusagen unterschlagen!

Sabine hat zuerst versucht, das mit lila Tinte beschriebene Blatt Papier zu verdecken, als ich mich ihr genähert habe. Sie hat dann gemeint, sie habe mitbekommen, wie mein Mann und ich über Boris gesprochen haben. Dabei hatte ich eigentlich meinen Kindern meine Sorgen ersparen wollen.

Sabine ist mein ältestes Kind. Ich habe nicht recht verstanden, wie sie nun auf die Idee gekommen ist, Léon zu schreiben. Aber ich bin ganz gerührt. Hat sie so lebhafte Erinnerungen an ihn? Es erscheint mir ungewöhnlich, dass zwischen einem Cousin und einer Cousine eine derart starke Verbindung besteht. Und dass es mir, der Kinderpsychiaterin, überhaupt nicht aufgefallen ist. Bin ich denn so blind?

Sabine wollte sich mit mir nicht weiter über Léon unterhalten. Sie hat mich mit ernster Miene ermahnt, ich solle mich nicht immer in alles einmischen.

Ich habe Léon als einen etwas seltsamen Jungen in Erinnerung. Aber er war sehr süß, er hatte oft die verrücktesten Sachen im Kopf, ganz der Vater. Nur ein bisschen zurückhaltender, fast verschlossen.

Ich habe Sabine gewarnt, möglicherweise fange Ruth die Post an Boris' Söhne ab. Meine Tochter hat mir zugezwinkert: »Keine Sorge, Maman, da habe ich mir schon was ausgedacht.« Keine Ahnung, was sie vorhat.

Was soll ich jetzt machen?

Halten Sie es für gut, wenn Kinder solche Initiativen ergreifen? Überfordert sie das nicht, auch wenn sie gern behaupten, sie würden das schon alles »managen«? Welche Risiken und Nebenwirkungen sind zu befürchten?

Sabine steckt mitten in der Pubertät. Sie erzählt mir nicht mehr so viel wie früher, und es gibt Sachen, die sie mir schlicht verheimlicht. Meinem Mann vertraut sie sich eher an. Ich weiß gar nicht mehr, wie ich mit ihr umgehen soll. Ist das nicht komisch, bei dem Beruf, den ich habe?

Danke, dass Sie sich so viel Zeit für uns nehmen.
Charlotte

Paris, den 3. Oktober

Hey, Léon!

Ich bin's, Sabine. Hoffentlich erinnerst du dich noch an mich!

Ich wollte mal hören, was so aus dir geworden ist. Ich habe mich deswegen bei Hervé erkundigt, der ja auf dieselbe Schule geht wie du. Er ist der Cousin von einem Freund von mir. Wenn du mir zurückschreiben willst, gibst du deinen Brief am besten Hervé, er wird ihn dann wieder weiterleiten.

Meine Mutter hat durchblicken lassen, dass deine Mutter eventuell deine Post kontrolliert. Ich habe aber keinen Bock auf Big Brother, ich will hier einfach ein gemütliches Schwätzchen zwischen Cousin und Cousine halten.

Ich kapiere nicht, warum deine Eltern und meine keinen Kontakt mehr zueinander haben. Wir waren noch ganz klein, als ihr in die Schweiz gezogen seid. Seitdem haben wir uns nicht mehr gesehen, und kein Mensch hat mehr von euch geredet. Ich habe das immer komisch gefunden und finde es heute noch komisch.

Erinnerst du dich noch an die Sommerferien in Saint-Tropez? In meinem Zimmer hängt ein Foto, auf dem Mathias, du und ich in dem wackeligen Baumhaus sitzen, das wir dort gebaut haben. Ein paar mit Seilen befestigte Bretter und Äste, eine Wellblechplatte als Dach, fertig. Wir sind den ganzen Tag in Badesachen rumgelaufen. Beim Tischtennis habe ich euch ganz schön weggeputzt, dafür warst du im Schach unschlagbar.

Sag mal, Léon, spielst du immer noch Blindschach? Also ohne Brett. Bloß im Kopf. So hast du alle geschlagen, auch die Erwachsenen. Die Nachbarn haben dich Kasparow genannt. Das habe ich neulich meiner Freundin Laure erzählt – sie ist meine beste Freundin. Wir gehen auf dieselbe Schule, in der Avenue des Gobelins. Als ich ihr das Foto gezeigt habe, auf dem du acht bist, hat sie gerufen: »Wow! Was für eine Stirn! Er sieht extrem intelligent aus!« Du hast ihr echt gefallen.

Weißt du was? Ich nehme seit ein paar Monaten Klavierstunden bei Onkel Luc. Die Bassbegleitung von ein paar Bluesstücken habe ich langsam schon drauf. Außerdem habe ich an einem Poetry-Slam-Wettbewerb teilgenommen. Ich hatte mir ein bisschen was zurechtgelegt, aber auf der Bühne habe ich dann einfach improvisiert, ganz nach Stimmung.

Folgst du eigentlich irgendwelchen YouTubern? Ich war mal ein ziemlich großer Fan von Pulpix. Kennst du? Laure und ich, wir haben total drauf gestanden. Meine Mutter hat zwar die ganze Zeit gemeint, das ist dummes Zeug mit versteckter Werbung, da geht's bloß darum, Kohle zu scheffeln. Aber das war uns natürlich egal, wir fanden's lustig. Mittlerweile mag ich allerdings lieber Poetry-Slams und Bücher. Von YouTubern habe ich die Nase voll. Fernsehen und Serien widern mich an, Videospiele langweilen mich.

Ich muss mal kurz weg, wir essen jetzt.

… eine Stunde später.

Was noch? Ich schreibe viel. Auch gern mit der Hand. Man nimmt sich mehr Zeit zum Nachdenken über das, was man sagt, wenn man mit der Hand schreibt. Ich hoffe, du kannst meine krakelige Schrift lesen, ich gebe mir immerhin Mühe.

Ich wollte dich noch was fragen. Vorgestern habe ich zufällig eine Unterhaltung zwischen Papa und Maman mitgehört. Sie haben mich gar nicht bemerkt. Als ich von der Schule kam, standen sie in der Küche, und Maman hat sich Sorgen um Lionel, ihren Vater, unseren Großvater, gemacht. Erinnerst du dich an ihn? Er spinnt anscheinend ein bisschen in letzter Zeit, schließt sich in seinem Atelier ein und schläft sogar da drin. Alles hat damit angefangen, dass er und Oma vor zwei, drei Wochen einen Brief von deinem Vater gekriegt haben. Keine Ahnung, was er ihnen geschrieben hat, aber dieser Brief hat das Leben hier ganz schön durcheinandergewirbelt.

Auf dem Klavier im Wohnzimmer von Oma Sophie steht seit Neuestem ein Foto von euch. Ein Foto von Mathias, dir und deinen Alten, eurer Familie eben. Manchmal, wenn Oma daran vorbeigeht, bleibt sie unvermittelt stehen – wie eine Statue. So wie bei diesem Kinderspiel, Ochs am Berg! Dann legt sie den Kopf zur Seite und kneift die Augen zusammen, als würde sie ihren Blick scharf stellen. Ihre Lippen beginnen, sich stumm zu bewegen, offenbar spricht sie mit dem Foto, mit euch vieren oder vielleicht auch bloß mit deinem Vater. Sie macht seit Jahren die gleiche Nachspeise, eine Tarte Tatin, weil die dein Vater so gern mochte. Ich habe ihr schon hundertmal gesagt, dass ich lieber Erdbeerkuchen hätte. Aber nichts zu machen, sie backt immer ihren Apfelkuchen.

Meine Mutter redet jetzt auch wieder öfter von deinem Vater. Boris hier, Boris da. Nachdem sie lange kein Wort über ihn verloren hat. Mein großes Bruderherz, sagt sie immer, sie liebt ihn einfach. Aber komisch, dass er auf einmal wieder in den Gesprächen auftaucht, obwohl sie ihn ja gar nicht gesehen hat, oder? Außerdem liegt sie mir in letzter Zeit ständig mit ihren guten Ratschlägen in den Ohren. Ich habe ihr schon oft gesagt, dass sie mich in Ruhe lassen soll, aber sie will überhaupt nichts hören und textet mich weiter zu.

Neulich hat auch noch Onkel Luc damit angefangen. Obwohl ich an sich mit ihm viel Spaß habe. Aber letzten Freitag in der Klavierstunde wollte er plötzlich wissen, ob ich »zufällig« irgendwelche Neuigkeiten von Mathias und dir hätte. Wir waren eigentlich gerade dabei, ein paar Übungen für die linke Hand zu machen. Das war ziemlich komisch, er hat nämlich noch nie nach euch gefragt. Aber daraufhin habe ich beschlossen, mich mal zu erkundigen, was bei euch überhaupt los ist. So!

Mathias ist, wie es scheint, krank und dein Vater auch. Hängt das irgendwie mit der Scheidung zusammen? Stimmt es, dass ihr euren Vater nicht sehen dürft, dein Bruder und du? Er war doch immer voll nett zu euch, und zu uns auch. Weißt du noch, wie er zu Beckett gelaufen ist und uns heimlich Bonbons gekauft hat? Wir haben den Typen von dem Tante-Emma-Laden einfach Beckett genannt, weil er so ähnlich aussah wie der Schriftsteller, von dem Onkel Edward dauernd erzählt.

Ich würde mich tierisch freuen, wenn du mir auch schreiben würdest. Du kannst es so machen wie ich. Gib deinen Brief Hervé, er kommt fast jedes Wochenende nach Paris und gibt ihn dann meinem Kumpel.

Liest du eigentlich gern? Also ich mag Lesen immer mehr. Oma Sophie schenkt mir jede Menge Bücher. Und wir haben einen super Französischlehrer. Wir lesen so ein bisschen durchgeknallte Sachen in seinem Unterricht. Gerade habe ich hier einen ganz tollen Roman, den ich regelrecht verschlinge, *Der Fänger im Roggen* von J. D. Salinger, kennst du? Ich habe Lust, noch andere Bücher von ihm zu lesen.

Sonst fällt mir jetzt nichts mehr ein. Schreib mir doch, was du immer so gerne machst und was du nicht so gerne machst. Und schick mir ein etwas neueres Foto von dir, wenn du eines hast. Das wäre klasse. Das zeige ich dann Laure, wenn du willst. Das Foto von mir mit dem Mammut, das ich dir mitschicke, ist vorgestern im Muséum national d'histoire naturelle aufgenommen worden.

Okay, mein lieber Cousin, bis dann, alles Liebe
Sabine

Yuri an Charlotte

Genf, den 10. Oktober

Liebe Charlotte,

Ihr Vergleich mit dem *Dominoeffekt* gefällt mir. Er trifft den Nagel auf den Kopf. Das Briefeschreiben hat etwas Ansteckendes, es ist wie eine Energiewelle, die sich ausbreitet und eine Gruppe von Menschen erfasst. So etwas kommt ja öfter vor. Ein Mitglied einer Gemeinschaft bringt eine Sache ins Rollen und stiftet die anderen an.

Manche Familien sind wie ein Mobile. Es genügt, dass ein einzelnes Teil sich bewegt, schon geraten die anderen ebenfalls in Bewegung. In diesen Familien herrscht eine starke innere Verbundenheit, ihre Angehörigen sind geradezu miteinander verwachsen. Bestimmt haben Sie solche Fälle auch schon erlebt.

Von außen betrachtet ist das ziemlich erstaunlich. Warum hängt man so aneinander, wo man sich doch scheinbar voneinander gelöst und entfernt hat? Warum antworten alle umgehend auf Boris' Brief? Was ruft diese Kettenreaktion hervor? Das Phänomen lässt sich übrigens auch häufig beobachten, wenn zur Adoption freigegebene Kinder irgendwann auf die Spur ihrer Erzeuger stoßen und Kontakt zu ihren leiblichen Eltern aufnehmen.

Wir sind uns wohl darin einig, dass familiäre Bindungen etwas völlig anderes sind als die Bindungen, die man sonst im Leben knüpft. Freundschaft, Liebe (solange keine Kinder aus ihr hervorgehen), die gemeinsame Religionszugehörigkeit, die Ideologie, die man mit Kameraden teilt, das Verhältnis zu Arbeitskollegen, all das ist weit weniger wichtig als die Familie. Die Familie hat mehr Bedeutung, als es manchmal scheint, mehr Bedeutung, als einige armselige moderne Soziologen und Psychiater ihr zuschreiben. Diese Leute beschäftigen sich nur mit dem Individuum und nicht mit den Beziehungen, in denen es steht. So wollen sie die Welt begreifen. Was für ein Elend!

Aber was löst so eine Welle überhaupt aus, werden Sie fragen. Welches Prinzip steckt dahinter? Ich weiß es nicht.

Aber ich finde, es ist auf jeden Fall ein gutes Zeichen, dass alle zur Feder greifen. Indem man sich miteinander auseinandersetzt und sich gegenseitig mitteilt, was man auf dem Herzen hat, schreibt man die ungeschriebenen Gesetze einer Familie um, die einer Änderung bedürfen. Und wenn seit drei Generationen dieselben Gesetze gelten, tun Änderungen not. Das erfahre ich in meinem Beruf jeden Tag.

Die Annäherung an seine Familie ist für Ihren Bruder sehr befreiend, viel befreiender, als der Bruch es war. Man braucht sich vor dieser Annäherung nicht zu fürchten, man muss den Prozess anschieben – ich muss das dazusagen, denn es versteht sich nicht von selbst.

Ihre Familie ist zu beneiden, nicht zu bedauern. Um die zahlreichen Impulse, die von ihr ausgehen, um ihren Einfallsreichtum. Dass Sabine spontan ihrem Cousin geschrieben hat, finde ich großartig! Ich kann mir nicht vorstellen, welche unerwünschten Nebenwirkungen ihr Brief an Léon haben könnte.

Schließlich: Lassen Sie sich von Sabines Jugend nicht einschüchtern. Ihre Tochter spielt einfach ihre Rolle, so wie Sie Ihre Rolle als Mutter spielen. Kinder sind wie das kleine weiße Pferd in dem Chanson von Georges Brassens: Sie rennen voraus und wir hinterher. Sie bilden die Schnittmenge aus Gegenwart und Zukunft, sie wollen den Dingen auf den Grund gehen, sie gehen voran.

Ihr Bruder kommt regelmäßig zu mir in die Praxis. Es stört ihn nicht, dass ich mit Ihnen einen Briefwechsel unterhalte. Er vertraut mir, das ist schon einmal eine enorm wichtige Voraussetzung für eine erfolgreiche Therapie.

Noch eine gute Neuigkeit: Boris hat vor Gericht Recht bekommen. Er hat jetzt das übliche Besuchsrecht und darf jedes zweite Wochenende und die Hälfte der Ferien mit seinen Söhnen verbringen. Das Problem ist nur, dass Mathias und Léon momentan gar keine Lust haben, ihn zu sehen, was ihn natürlich mächtig aufbringt. Er sagt, das sei das Ergebnis von Ruths Gehirnwäsche. Da mag durchaus etwas dran sein.

Seine Laborwerte werden besser. Die Korrespondenz mit seiner Familie trägt sicherlich viel zu seiner Genesung bei.

Beste Grüße
Yuri

Lionel an seinen Neffen Edward

Paris, den 10. Oktober

Mein lieber Edward,

dein Brief hat mich mitten ins Herz getroffen. So wie mich deine
Worte eigentlich meistens mitten ins Herz treffen. Ich mag ja deine
abgehackte Schrift, die bauchigen Buchstaben, die Schnörkel. Meine Schrift wird mit der Zeit immer kleiner, wie dir wahrscheinlich
auffällt. Seltsam, sind das vielleicht die ersten Anzeichen der Par-
kinsonkrankheit?

Zu »Badender« und »Junge mit Pferd«: Diese beinahe abstrakte
grau-blaue Landschaft von Cézanne ist genauso meisterhaft wie der
ockerfarbene Boden von Picasso, der dann in den Himmel über-
geht – und beide Bilder sind mit so leichter Hand gemalt, herrlich!

Was Boris angeht, hast du vollkommen recht. Ich muss ihm
schreiben, es fällt mir nicht leicht, aber ich werde es tun. Wenn ich
lese, wie du das Verhältnis zu deinem Vater darstellst, bekomme
ich eine Gänsehaut. Deine Beschreibung trifft genauso auf Boris
und mich zu. Ich weiß nicht, warum ich mich ihm gegenüber so
gehemmt fühle. Warum ich mich ihm nicht öffnen kann und ver-
hindere, dass er sich mir anvertraut, warum wir nicht ehrlich miteinander reden können. Mit meinen Patienten hat das immer gut
geklappt, nur im Umgang mit meinen Kindern bin ich so unbehol-
fen und ungeschickt (ich schaffe es höchstens, sie zum Lachen zu
bringen, wenn ich den Geisteskranken spiele, das ist im Grunde
das Einzige, was mir gelingt). Ich bin merkwürdig zurückhaltend

in meinen Gefühlsäußerungen. Habe ich diese Eigenschaft von meinem Vater geerbt? Bin ich selbst schuld?

Das Ziel von Léon, meinem Vater, deinem Großvater, war immer der soziale Aufstieg, er wollte, dass seine Söhne studieren, sich eine Karriere aufbauen und dem Namen der Familie Ehre machen. Er selbst hatte es dank harter Arbeit »geschafft«. Und er dachte, im Zuge des wirtschaftlichen Aufschwungs der Nachkriegsjahre würde es für Jérôme und mich einfacher werden, wir könnten einen hohen gesellschaftlichen Status erreichen, ohne als Emporkömmlinge zu gelten. Ich weiß noch, wie er einmal meine Mutter angeschrien hat, weil sie die Hausaufgaben von Jérôme und mir nicht kontrolliert hatte.

Er war aber auch ein Menschenfreund. Gegen Ende seines Lebens hat er viel für wohltätige Zwecke gespendet. Sein eigener Vater war zum orthodoxen Glauben übergetreten und war lange als Diakon tätig gewesen. Er glaubte an Jesus Christus und das Gute im Menschen, sein Weltbild glich dem von Rousseau. Für schöne Seelen ist es süßer, Gutes zu tun, als Gutes zu empfangen. Das war das Lebensmotto meines Vaters, angelehnt an einen Ausspruch des Comte de Mirabeau (der allerdings ein ziemlicher Schlawiner war!), aber den Satz kennst du ja.

Der Schein trügt jedoch bekanntlich oft. Sowohl mein Vater als auch mein Großvater waren immer sehr darauf bedacht, ein vorteilhaftes Bild abzugeben. Keine Ahnung, was für eine Erziehung mein Vater genossen hat, vielleicht war mein frommer Großvater ein Tyrann (so ähnlich wie Tschechows Vater). Ich weiß nur, welche Erziehung ich selbst genossen habe. Sie war nicht gerade lustig, die Stimmung zu Hause meist ganz schön beklemmend. Mein Vater war ein absoluter Herrscher, dabei ein Moralist und ein Bußprediger, wie Girolamo Savonarola. Jérôme und ich haben ihm den Beinamen *Der Abreiber* verpasst, weil es für uns fast jeden Tag eine Abreibung setzte.

Er hat sich wirklich um seine Familie verdient gemacht. Er hat seine Eltern, Brüder und Schwestern aus dem Elend gerettet. Von uns, seinen Söhnen, erwartete er, dass wir seinem Vorbild folgen. Ich habe seine Hoffnungen halbwegs erfüllt und mir in seinen Augen etwas Ansehen erworben. Jérôme dagegen hat sein Studium abgebrochen und ist hinter den väterlichen Erwartungen zurückgeblieben. Er hat es zwar auf seine Weise auch »geschafft«, aber er hat eben dem Namen seiner Familie keine Ehre gemacht und ihr nichts gegeben.

Vielleicht fühlt sich dein Vater ja irgendwie schuldig? Aber habe ich etwa mein Leben gemeistert? Schau dir doch an, wie es um das Verhältnis zwischen mir und meinem Sohn bestellt ist.

Im Grunde haben Jérôme und ich die Art des Umgangs mit unseren Kindern von unserem Vater geerbt: die gleiche Gefühlskälte, die gleiche Güte vertrockneter Seelen, wie Stendhal sagen würde. Und wir haben diese Art an unsere Kinder weitergegeben.

Ich werde deinem Vater schreiben und diese heiklen Fragen ansprechen. Mal sehen, wie er reagiert.

Aber vorher werde ich deiner Aufforderung nachkommen und Boris schreiben.

Danke, dass du so viel Anteil an uns nimmst. Edward, du bist die einzige Verbindung zwischen dem französischen und dem amerikanischen Teil der Familie. Gott schütze dich, und bitte sag jetzt nicht: wenn es ihn denn gibt.

Herzlich
Lionel

Sophie an ihre Schwester Elsa

Paris, den 11.Oktober

Schwesterchen, liebes Schwesterchen,

wie eigenartig, dass wir jetzt wieder mit der Hand schreiben, wie früher! Das ist schon eine kleine Revolution. Der Briefverkehr ist auf allerlei Ebenen in Schwung gekommen: zwischen meinen Kindern und mir, zwischen Lionel und Edward, zwischen meinen Kindern, meinen Enkelkindern und nun auch zwischen dir und mir. Wer weiß, vielleicht entspinnt sich bald auch ein Briefwechsel zwischen uns und Marie-Luce, unserer lieben Schwester, die sich ins Kloster zurückgezogen hat und die wir nur selten zu Gesicht kriegen. Wie auch immer, Halleluja, sie betet bestimmt für uns alle.

Du weißt, ich hatte immer Angst davor, verlassen zu werden, und Angst, meine Familie zu verlieren. Diese Puschkin-Verse sind mir nie mehr aus dem Sinn gegangen:

Ach! In des Lebens Furchen
erfolgt in rascher Ernte, dass die Generationen,
nach dem geheimen Willen der Vorsehung
aufgehen, reifen und fallen ...
Genauso kommt es, dass unser flatterhaftes Geschlecht
wächst, sich erregt, aufbraust
und seine Ahnen grabwärts drängt.
Es kommt, es kommt auch unsere Zeit,

und eines schönen Tages werden unsere Enkel
auch uns aus der Welt drängen.

Das ist aus *Eugen Onegin*. Ich dachte mir oft, dass auch meine Zeit irgendwann kommen wird, während ich meine vier prächtigen Kinder aufwachsen sah ... Der Bruch mit Boris war grauenvoll, es war für mich, als würden die apokalyptischen Reiter erscheinen.

Aber jetzt hat er uns geschrieben!

Findest du auch, dass ein Brief in der heutigen Zeit etwas ungemein Feierliches hat? Früher war das ja nichts Besonderes. Es gab erst Rohrpost, dann Telegramme, schließlich Telefone; es kamen Anrufbeantworter, Faxgeräte, E-Mails, SMS und Mailboxen. Heute verschickt man vor allem Fotos und kurze Videos. Das geht ruck, zuck. Geschwindigkeit ist wichtiger als alles andere.

Welche Folgen hat das für die Beziehungen der Menschen untereinander? Was ist das für ein Leben unter dem Diktat der Hochgeschwindigkeit? Es ist doch auch schön, auf einen Briefträger zu warten, der einem die Post bringt, einen Umschlag zu öffnen, sich hinzusetzen, einen Brief zu lesen und ihn dann auf ein Tischchen zu legen, um ihn später vielleicht noch einmal zu lesen.

Briefe haben etwas Körperliches, man kann sie anfassen. Sie erzeugen einen ähnlichen Effekt wie Tonaufnahmen, bei denen man nur den Klang der Stimme aufnimmt. Auf diese Körperlichkeit, auf diese *Gegenwärtigkeit* kommt es in der Kommunikation an. Man widmet dem anderen seine volle Aufmerksamkeit und gibt sich dem Augenblick hin. So muss es doch sein.

Weißt du, ich denke oft an dich. An Simon und dich. Du bist nicht mehr die Alte, seit er von uns gegangen ist. Das ist nun schon drei Jahre her. Neulich habe ich dich beobachtet. Du siehst unglaublich blass aus, ich glaube, es wäre gut, wenn du mal zum Blutabnehmen gehen würdest. Du wirkst geistesabwesend, wenn wir uns unterhalten, verlierst den Faden. Du versinkst völlig in deiner Trauer.

Ist die Leere, die Simon hinterlassen hat, so unerträglich? Hast du Sehnsucht nach ihm?

Mir fällt gerade ein, wie er, du und ich bei einem Spaziergang in der Dordogne einmal von einem Gewitter überrascht worden sind. Erinnerst du dich? Wir waren komplett durchnässt, aber er lachte aus vollem Herzen, weil er das Ganze so lustig fand. Ich mochte sein Lachen. Und er meinte: »Später ist es eine schöne Erinnerung.«

Vor Kurzem hast du mir mit erloschener Stimme gesagt, dass du dich schuldig fühlst an seinem Tod, weil du nicht imstande warst, ihm zu geben, »was er gebraucht hat«. Du hast gesagt, du hast »seinen Anforderungen nicht entsprochen«. Du hattest den Eindruck, dass Rachel ihm näher gestanden hatte als du. Du hast mich gefragt, ob es mir auch manchmal so vorkommt, als würde ich Lionels Anforderungen nicht gerecht werden.

Weißt du was, Schwesterchen? Ich finde, du solltest Simon einen Brief schreiben, anstatt solche Fragen zu stellen. Ich glaube, das würde dir helfen. Ich rede auch mit Menschen, die überhaupt nicht da sind, zum Beispiel wenn ich einen Brief an Boris aufsetze, und er tut das Gleiche, wenn er mir schreibt. Rede mit Simon, *als wäre er noch da*. Sprich ihn an, als könnte er dir antworten.

Nutze die appellative Funktion der Sprache, würde ein Semiologe sagen. Diese Funktion kommt bei einigen rhetorischen Mitteln zum Tragen, etwa bei der Personifikation. »O Rom, du ew'ger Quell von meinem ew'gen Gram.« Man kann sich mit so einer feierlichen Anrede problemlos auch an einen Toten wenden. Was hältst du davon, mal auszuprobieren, wie Simon auf die appellative Funktion der Sprache reagiert?

Sag ihm, dass du noch einen Knoten im Taschentuch hast, den du gern lösen willst, sag ihm, was du ihm zu seinen Lebzeiten nicht gesagt hast, was du unbedingt loswerden musst. Trauern heißt nicht versuchen, jemanden zu vergessen. Hüte dich vor jenen Psychoanalytikern, die dir erzählen, du sollst Simon aus deinem Gedächtnis streichen. Dieses dumme Geschwätz geht mir auf die Nerven. Für wen halten sich diese Leute eigentlich? Meinen sie denn, sie haben die Wahrheit für sich gepachtet?

Ich habe kürzlich den großartigen Vortrag eines belgischen Anthropologen gehört, der sich aufgeregt hat über all diese Handlanger eines »Wiener Scharlatans«, wie Nabokov Freud bezeichnet hat, und andere anmaßende Rationalisten. Er hat gesagt: »Geister können auch in Räumen schweben, in denen es Elektrizität gibt.«

Denk daran, dass sich deine Trauer auch auf das Verhältnis zu deiner Familie auswirkt. Auf das zu Rachel, auf das zu deiner Enkelin Émilie, auf das zu Marie-Luce und mir, auf das zu deinen Neffen, Nichten, Großneffen und Großnichten. Wir sind von diesem Trauerfall alle betroffen. Das geht an keinem von uns spurlos vorüber und schlägt sich in unseren Beziehungen zueinander nieder.

Nimm ein schönes Blatt Papier, greif zur Feder und tunk sie in die Tinte. Schreib deinem toten Ehemann. Erzähl ihm, wie es dir gerade geht und was es Neues gibt. Das wird dir guttun, da bin ich mir sicher. Und vielleicht wird es ihm ja auch guttun.

Schwesterchen, ich stehe an deiner Seite.
Sophie

Elsa an ihren Mann Simon

Paris, den 12. Oktober

Simon, Liebster,

ich weiß, es ist ein bisschen komisch, dir zu schreiben, nachdem du einen Schlussstrich gezogen und deinem Leben ein Ende gesetzt hast. Ich befolge den Rat meiner Schwester Sophie. Sie war immer wie eine Mutter zu mir, während meine richtige Mutter Noémie ihrem Mann Charles und seiner Apotheke, in der sie ihm bis zu seinem Tod geholfen hat, den Vorzug gegeben hat.

Ich wollte dir sagen, wie sehr du mir fehlst, wie schmerzhaft es für mich ist, dass du aus der Welt gegangen bist.

Du warst immer da für Rachel und mich. Du hattest deine Freude an unserer Enkelin Émilie, bevor du aus dem Leben geschieden bist. Du konntest den gesundheitlichen Verfall nicht ertragen, die Ausbreitung der Metastasen, den Albtraum der Chemotherapie, die chirurgischen Eingriffe, die Erniedrigung, keinen Geschlechtsverkehr mehr haben zu können. Ich habe deinen Wunsch verstanden, ich habe dich sogar in deinem Entschluss bestärkt. Ich hatte keine Ahnung, wie schwer es ohne dich für mich werden würde.

Wenn ich an die schönen Momente zurückdenke, die wir zusammen verbracht haben, muss ich oft lächeln, diese Erinnerungen sind für mich wie Sonnenstrahlen in einem kalten Winter. Was für lustige, hochdramatische Eifersuchtsszenen du mir am Anfang gemacht hast, um mir zu zeigen, wie verrückt du nach mir bist! Als wir zum ersten Mal miteinander geschlafen haben, warst du mächtig in Fahrt und hast mir gesagt, dass meine anderen Verehrer chancenlos sind, weil du nämlich den schwarzen Gürtel in Kamasutra hast. Mich überläuft jetzt noch ein Schauder.

Du hast gemeint, dass mein Vater manchmal ein Gesicht »wie eine Statue von den Osterinseln« macht, das hat mir gefallen. Du hast dich von ihm nicht beeindrucken lassen, und du hast beim Backgammon absichtlich gegen ihn verloren, weil er sich so gern als Sieger gefühlt hat. Du hast Maman geneckt und bemerkt, ihre »unvergängliche Schönheit« sei dir ein wenig suspekt, vielleicht komme diese Schönheit ja von den ganzen Intrigen, die sie spinne. Das hat sie verwirrt, aber sie ist vor Freude über das Kompliment trotzdem errötet, und mein Vater hat ein etwas gezwungenes Lachen aufgesetzt.

Später hast du dich in deiner Arbeit aufgerieben, du hattest Aufträge in Afrika und Asien, hast dort Häuser und Brücken gebaut. Wir haben Urlaube in Ferienclubs gemacht, Rachel ist auf die Welt gekommen, wir sind nach Paris gezogen …

Sophie hat sich in ihrem Brief daran erinnert, wie wir einmal Marie-Luce in ihrem Kloster in der Dordogne besucht haben und danach spazieren gegangen sind. Du hattest eigentlich eine größere Wanderung vor, wolltest den Flug der Wildgänse beobachten, aber wir wurden von einem Gewitter überrascht. Klatschnass, aber glücklich wie die Kinder sind wir damals zurückgekommen.

Mir fallen noch andere Sachen ein: Die Besuche des lieben Edward aus New York, der sich immer zuallererst erkundigt hat, wie es Rachel, Émilie und seinen Neffen und Nichten geht. Du hast dich so gut mit ihm verstanden, ihr wart wie zwei singende und saufende Poeten. Ach, ich weiß noch, wie er sich ans Klavier gesetzt hat und ihr zusammen »Molly Malone« von den Dubliners gesungen habt!

In Dublin's fair city
Where the girls are so pretty …

Manchmal tut es mir leid, dass ich dir nicht so viel Lebensfreude schenken konnte wie du mir. Es ist schrecklich, so etwas zu sagen, aber ich war eine zurückhaltende, unscheinbare und farblose Gefährtin, und das nehme ich mir im Nachhinein übel. Vielleicht wärst du nicht so krank geworden, wenn ich etwas mehr Temperament ausgestrahlt hätte. Vielleicht hättest du nicht sterben wollen.

Hier vergeht ein Tag wie der andere. Es gibt aber auch eine gute Nachricht: Boris hat wieder Kontakt zu seinen Eltern aufgenommen, hoffentlich werden sich alle miteinander versöhnen. Sophie ist ganz außer sich, Lionel verbarrikadiert sich in seinem Atelier, und Charlotte bemüht sich wie immer zu vermitteln.

So Gott will, feiern wir dieses Jahr nach langer Zeit wieder einmal zusammen Weihnachten. Sollte es tatsächlich dazu kommen, wird der Platz an meiner Seite leer bleiben. Aber das weißt du ja, und ich weiß es nur zu gut.

Ich glaube, es hat mir ein bisschen geholfen, dir zu schreiben. Ich versuche, mir vorzustellen, wie du, den Kopf auf die Hand gestützt, meinen Brief liest. Ich küsse dich zärtlich, wo auch immer du jetzt bist.

Ach ja, in drei Wochen ist Allerheiligen. Ich weiß nicht, ob ich auf den Friedhof gehen soll. Du bist für mich nicht tot. In Mollys Worten:

Alive, alive oh!
Alive, alive oh!
Crying cockles and mussels,
Alive, alive oh!

Deine Elsa

Léon an seine Cousine Sabine

Genf, den 12. Oktober

Hallo, Sabine,

war eine Überraschung, dein Brief. Hat mich, Moment, SEHR GEFREUT.

Ich schreibe MOMENT, weil ich mir nicht sicher bin, ob ich mich wirklich sehr gefreut habe, ob ich imstande bin, Freude zu empfinden. Ist vielleicht das Asperger-Syndrom. Wahrscheinlich würde ich platzen, wenn ich Gefühle zulassen würde, meine Innereien würden durch die Gegend spritzen, die Gesichter und Klamotten der Leute besudeln und irgendwann im Gully landen.

Was das Blindschach angeht: Ja, ich spiele noch. Wenn man einmal eingestiegen ist, kann man nicht mehr aufhören damit. Ich bin da auf die schiefe Bahn geraten, das kann tödlich enden. Ich denke dauernd daran, das ist wie ein aktiver Vulkan, der die ganze Zeit in mir brodelt. Wenn ich sauer auf jemanden bin, stelle ich mir vor, wie ich ihn beim Schach fertigmache, ich ziehe mit dem Läufer, dann mit der Dame, ich setze ihn SCHACH und MATT, so läuft das in meinem Kopf. Manchmal umzingle ich ihn so, dass er PATT ist, keinen Zug mehr machen kann, da sitzt er dann wie ein Frettchen in der Falle, bis ihm die Augen auslaufen und sich eine fette Pfütze am Boden bildet.

Neulich war der Typ dran, der ständig meine Mutter anbaggert und ihr Blumen mitbringt. Er glotzt mich immer so komisch an, als wäre ich ein exotisches Tier aus dem Zoo. Ich glaube, er fragt sich, was in mir abgeht. Fehlt bloß noch, dass er sich erkundigt, ob meine Großmutter windsurft. Wie der schon ausschaut: Gurkennase, Olivenaugen, Zucchinilippen. Ich habe ihn matt gesetzt. Er hat die Niederlage hingenommen. Und ich habe zu ihm gesagt: Sie erinnern mich an ein Bild von Arcimboldo, »Vertumnus«! Daraufhin hat er nur noch winselnd am Rockzipfel meiner Mutter gehangen.

Die geheime Übergabe hat gut geklappt. Dein FREUND hat meinem FREUND den Brief gegeben. Und mein FREUND hat sich wieder in den Zug nach Genf geschwungen. Geritzt. Ratzfatz. Meine Mutter hat nichts mitgekriegt. Besser so.

Sie ist nicht nur auf Papa wütend, sondern auf seine ganze Familie, dich eingeschlossen. Sie will nicht, dass von euch geredet wird. Sie hat mir verboten, Papa zu treffen, sie meint, der Umgang mit ihm ist SCHÄDLICH für mich. Sie übertreibt natürlich. Ist totaler Schwachsinn. Das Gericht hat das jetzt endlich kapiert und Papa recht gegeben. Seit ein paar Tagen dürfen mein Bruder und ich unseren Vater wieder besuchen, wenn wir wollen.

Die Sache ist nur die: Wir wollen nicht, weder Mathias noch ich. Zumindest vorerst nicht. Manchmal nehme ich aber die »Mouettes«, die kleinen Bootsfähren hier, steige im Pâquis aus, wo Papa wohnt, und gehe mit Sokrates, meinem Golden Retriever, im Viertel spazieren. Das Quartier des Pâquis ist das VERRUFENE Viertel, muss man wissen. Überall Nutten mit runden Ärschen und Riesentitten, auf den Gehwegen und in den Schaufenstern, das solltest du echt mal sehen.

Ich habe keine Ahnung, ob ich in Papas Wohnung überhaupt noch mein Zimmer habe. Er hat ein Penthouse, ich glaube, so nennt man das, in der Rue Philippe-Plantamour. Wir sind uns in der Ecke noch nicht über den Weg gelaufen, aber das kann natürlich jederzeit passieren.

Papa ist krank. Er muss oft ins Krankenhaus, wo man irgendwelche Tests mit ihm macht und ihn an den Tropf hängt. Ich weiß nicht genau, was er hat, aber es ist anscheinend eine Autoimmunerkrankung. Davon gibt's viele, ich habe mich im Internet und in Büchern schlaugemacht. Ungefähr so, als ob du gegen dich selber Schach spielen würdest, kannst du dir das in etwa vorstellen? Arbeiten geht er allerdings trotzdem. Er schuftet sich einen ab in seiner Drecksbank, aber er macht jetzt nicht mehr so viele Geschäftsreisen. Ich habe gehört, dass er ein ganz eingefallenes Gesicht haben soll und ziemlich abgemagert ist.

Mathias geht's auch scheiße, er hat eine komplizierte Blutkrankheit, fast so ähnlich wie Papa. Er muss jeden Tag Kortison nehmen, und das NERVT ihn so, dass er vor gar nichts mehr zurückschreckt. Er ist im Abi durchgeflogen, aber das ist ihm egal, er zeichnet und macht Graffiti. Er steht total drauf. Er zieht zum Sprayen mit seinen KUMPELS nachts um die Häuser. *Street Art* und so. Sein großes Vorbild ist Banksy. Er träumt davon, eines Tages eine genauso berühmte Signatur zu haben und dabei völlig anonym zu bleiben. Seine Freundin ist ganz schön verrückt nach ihm, sie folgt ihm auf Schritt und Tritt. Vor Kurzem wollte sie bei uns übernachten, da gab's mal wieder Stress mit Maman.

Kennst du Banksy überhaupt? Ist so ein englischer Street-Art-Künstler. Und Francis Bacon? Englischer Maler, wahnsinnig bedeutend, meint Mathias. Er schwärmt voll für Bacon. Eigentlich wollte sich Mathias ja an der Kunsthochschule bewerben, wenn er sein Abi geschafft hat, aber na ja, jetzt hat er es vermasselt.

Ich lese auch gern, kommt aber darauf an, was. Den *Fänger im Roggen* habe ich noch nicht gelesen, aber ich werd's tun. In der Schule lesen wir gerade *Der Graf von Monte Christo*. Ist gar nicht so übel, hübsche Wendungen, aber auf Dauer langweilt mich diese unendliche Rachegeschichte doch ein bisschen. Erinnert mich an Maman, die Papa am liebsten den Hals umdrehen würde.

Ich mag Bücher wie *Denken /Ordnen* von Georges Perec oder *Monsieur Cousin und die Einsamkeit der Riesenschlangen* von Émile

Ajar. Aber in letzter Zeit ziehe ich mir eigentlich hauptsächlich Comics rein. Ich habe eine recht große Manga-Sammlung, wenn's dich interessiert.

An einem Poetry-Slam habe ich noch nie teilgenommen. Aber ich rappe manchmal, also nur allein in meinem Zimmer oder in der Badewanne. Ich trete höchstens vor Sokrates auf, er ist ein sehr aufmerksamer Zuhörer. Er spürt ganz genau, was in mir abgeht, er ist wie ein verfluchter Detektor. Ich brauche gar nichts zu sagen, ich ziehe bloß die Augenbraue hoch, und er checkt sofort, was los ist.

Er ist mein bester FREUND.

Na gut. Ist ewig her, dass ich jemandem so viele Sachen auf einmal erzählt habe.

Hab dich nicht gleich erkannt auf dem Foto, bist merkwürdig schön.

Na dann, Moment, ICH DRÜCK DICH.
Léon

Dritter Akt

»Ist euch nie der Gedanke gekommen,
dass ich insgeheim hoffen könnte,
ihr würdet mir hinterherlaufen?«

Paris, den 13. Oktober

Lieber Boris,

ich bin zwar wie immer der Letzte, aber nun greife auch ich zur Feder – zu der schönen Feder von Caran d'Ache, die du mir zu meinem sechzigsten Geburtstag geschenkt hast. Ich folge dem Beispiel der anderen.

Du bist krank, du befindest dich in ärztlicher Behandlung, und wir wissen nicht einmal, was du hast. Es ist ein seltsamer Schmerz, den ich empfinde, wenn du uns so im Ungewissen lässt, während du leidest und möglicherweise sogar dein Leben auf dem Spiel steht. Du schreibst auch, dass du seit deiner Scheidung deine Jungs nicht mehr zu Gesicht bekommst. Dass Mathias ebenfalls krank ist und Léon regelmäßig zum Psychiater geht. Ein Unglück kommt eben selten allein.

Ach, ich denke mir, dass es dir in materieller Hinsicht sicher an nichts fehlt, dass du dir die besten Therapien leisten kannst, aber aus deinem Brief spricht eine solche Einsamkeit! Kein Wunder, dass du dich an einen Therapeuten wendest. Aber da hat dich dieser Yuri ja auf eine gute Idee gebracht, auf die Idee, uns zu schreiben. Wir sind schließlich deine Familie, auch wenn du gemeint hast, wir können uns zum Teufel scheren. Wir tun alles für dich und deine Söhne, du kannst dich auf uns verlassen. Sag uns, was wir tun sollen, Genf liegt nicht am anderen Ende der Welt.

In deinem Brief kommen auch Bitterkeit und Wut zum Ausdruck. Du bist enttäuscht und strafst uns mit Verachtung. In deinen Augen lebt deine Mutter in einer Traumwelt, ich habe eine Praxis geführt, die »vor allem von Greisen bevölkert« war, und »kleckse« gern mit Farben herum. Charlotte bezeichnest du als »dumme Gans« und wirfst ihr ihr »unschuldiges Getue« vor. Was Mireille angeht, ja, sie hat tatsächlich »Junge gekriegt«, wie du es nennst. Luc ist der Einzige, der von deinen Beleidigungen verschont bleibt.

Aber ich schreibe dir nicht, um dir deine bösen Worte vorzuhalten. Es ist nicht der Moment für kritische Auseinandersetzungen. Es ist Zeit für ein Wiedersehen, sagt deine Mutter. Ich bin davon gar nicht so überzeugt. Du erklärst ja auch, dass du nicht heimkehren willst wie der verlorene Sohn.

Versetz dich doch mal in unsere Lage. Du bist einfach abgehauen, hast nichts mehr von dir hören lassen und auch keinerlei Notiz mehr von uns genommen. Wir wussten zwar, dass du noch am Leben bist … aber manchmal hatten wir auch Zweifel. Existierst du vielleicht nur in unserer Einbildung? Es war wirklich eine qualvolle Zeit.

Du kommst auf die Vergangenheit zu sprechen. Du glaubst, dass wir dir von Anfang an die Pest an den Hals gewünscht haben. Dass die Enttäuschung vorprogrammiert war, weil wir zu hohe Erwartungen in dich gesetzt haben. Und dann dieser Vergleich mit *Jenseits von Eden*, ein »dummes Arrangement«, meinst du … Aber die Vergangenheit ist natürlich immer so eine Art Matroschka, du ziehst Parallelen zwischen unserer Beziehung und der zwischen meinem Vater und meinem Bruder. Du stellst zwei Szenen gegenüber: deinen Bruch mit uns und den Bruch meines Bruders Jérôme mit meinem Vater.

Lass mich dazu ein paar Dinge sagen.

Als du vor sieben Jahren die Tür hinter dir zugeschlagen hast, hatte ich tatsächlich das Gefühl, das Gleiche schon einmal erlebt zu haben. Denn vor ungefähr fünfzig Jahren hat Jérôme meinem

Vater erklärt, er werde das Ingenieurwesen aufgeben und sich ins Geschäftsleben stürzen. Er ist zu seiner Freundin Virginia nach London gezogen, hat eine Anstellung in einem Finanzunternehmen gefunden und Virginia geheiratet. Dank seines Verhandlungsgeschicks hat er eine steile Karriere hingelegt, er besaß Wohnungen in Dallas und Singapur und musste dauernd irgendwohin, um irgendwelche Verträge abzuschließen. Heute ist er für einen obskuren multinationalen Konzern tätig, pendelt ständig zwischen Hongkong und New York und macht gern mal Station in Dubai.

Sein beruflicher Kurswechsel und das Sichabsetzen ins Ausland haben meinem Vater gar nicht geschmeckt. Das war für ihn Untreue und Verrat. Er hatte hart gearbeitet, damit wir studieren können, was ihm selbst versagt geblieben war, er hatte früh Geld verdienen müssen. Er hat Jérôme jegliche Unterstützung verweigert und ihn sogar enterbt. Dass er nun so benachteiligt wurde, dass das gesamte Vermögen meines Vaters mir zufiel, das Haus in Saint-Tropez zum Beispiel, hat mein Bruder nicht ertragen. Er ist nie mehr zurückgekommen, hat sich völlig losgesagt und sich in der Fremde seine eigene Familie aufgebaut. Ich dagegen war der geliebte Sohn, der die väterlichen Erwartungen erfüllt und seinem Namen Ehre gemacht hat. War ich also auch eine Gans, so wie Charlotte?

Hast du nicht das Gleiche getan wie mein Bruder, als du der Medizin den Rücken gekehrt hast und in die Finanzbranche eingestiegen bist? Die Schicksale wiederholen sich in jeder Generation. Als du mir verkündet hast, dass du meine Praxis nicht übernimmst, sondern in die Schweiz gehst, weil dir dort ein hoch dotierter Vertrag bei einer Genfer Privatbank winkt, dachte ich, mir fällt mein Stammbaum auf den Kopf. Du warst der zerstörerische Hausengel von Max Ernst … Du hast dich nicht mit dem Äskulapstab zufriedengegeben, du wolltest das goldene Kalb. Du hast mich genauso enttäuscht, wie mein Bruder meinen Vater enttäuscht hat. Du hast sozusagen das Rad der Zeit zurückgedreht. Ein Schlag ins Gesicht!

Du und mein Bruder, ihr fühlt euch beide ungerecht behandelt und wollt euch rächen. Und mein Vater und ich teilen die Enttäuschung und das Gefühl, als Vater versagt zu haben.

Ich habe meinen Bruder ewig nicht gesehen. Virginia, seine erste Frau, habe ich wenig gekannt, und Eva, seine zweite, so gut wie gar nicht. Virginias Sohn Edward, den wir alle so lieben, ist die einzige Verbindung zu Jérômes Familie, die wir noch haben. Maisy und ihre Familie haben uns einmal vor ungefähr fünfzehn Jahren im Sommer in Saint-Tropez besucht, seitdem haben wir sie nicht mehr getroffen. Erinnerst du dich noch an die harten Tischtennismatches, die ihr am Strand ausgetragen habt?

Die Gründe für das Zerwürfnis zwischen meinem Vater und seinem ältesten Sohn ähneln also denen für unser Zerwürfnis. Die Bilder gleichen sich. Ich hatte mir nun einmal in den Kopf gesetzt, dass du die Praxis übernimmst. Insofern habe ich dir deine Abfuhr sehr übel genommen. Ich habe mich danach gesehnt, mich endlich der Malerei widmen zu können, wie ich es mir schon seit meiner Kindheit wünsche. Mein Vater hat sich über meine Leidenschaft immer nur aufgeregt. »Maler ist doch kein seriöser Beruf.« Du kennst die Sprüche.

Mit dieser Enttäuschung musste ich leben, ich habe mich nicht beklagt, aber ihr habt meine Enttäuschung alle gespürt, Sophie, du, Charlotte, die Zwillinge. Ich habe meine Patienten behandelt und war dabei in Gedanken bei Caravaggio oder Georges de la Tour. Ich konnte es kaum erwarten, in mein Atelier zu kommen, von meinen Farben und Pinseln umgeben zu sein, was häufig auf Kosten unseres Familienlebens ging. Und ich dachte mir, wenn du einmal die Praxis hast, kann ich in Ruhe meiner Neigung frönen. Aber du bist in die Welt hinausgezogen, weil du dein eigenes Leben führen wolltest. Und hast alle Brücken hinter dir abgebrochen.

Du hast dich in deinem Beruf bewährt und eine brillante Karriere gemacht. Ich möchte dir sagen, dass ich dein Talent auf dem

Gebiet der Finanzen bewundere. Wer das Geld so großer, wohlhabender Familien verwaltet – darunter auch eine Fürstenfamilie, wie ich gehört habe –, verdient zweifellos die Anerkennung seines Vaters, vor allem wenn dieser Vater sich in solchen Dingen so wenig auskennt wie ich. Unangenehm aufgestoßen ist mir vielmehr die Art, wie du dich uns gegenüber verhalten hast.

Aber es soll nun kein Vorwurf über meine Lippen kommen, da ich erfahre, dass es dir schlecht geht, dass du einsam bist und deine Kinder vermisst. Ich möchte nur versuchen, einen *Brief an den Sohn* zu schreiben, sozusagen das Gegenstück zu Kafkas berühmtem *Brief an den Vater* zu liefern. Ich entblöße mein Herz vor dir. Du sollst wissen, dass du mir ungeheuer wichtig bist, dass du ein Teil meines Lebens bist, wo auch immer du gerade stehst, selbst wenn du ganz woanders stehst als ich.

Seltsam, wie es mir gelingt, schriftlich das auszudrücken, was ich dir nicht ins Gesicht sagen kann. Mir ist dieses Mittel recht, wenn es unsere Annäherung erleichtert. Ich glaube, dieses Mittel ist sogar dazu angetan, die helle Freude in mein Leben zu bringen, ein wenig so wie die Bilder von Fragonard.

Lass uns die Chance zur Versöhnung nutzen.

Und dann will ich es endlich rauslassen: Ich liebe dich.

Dein Vater

Mireille an ihre Schwester Charlotte

Paris, den 14. Oktober

Meine liebe 姐姐,

danke für die Abschrift deines Briefs an Boris. Soll ich jetzt lügen? Dein moralisierender Ton ist durchaus faszinierend. Papa und Maman haben immer »ihr Bestes gegeben«. Wer ist schon ohne Fehler? Und so weiter und so fort. Du erwähnst beiläufig, dass Maman wie ein Haus in sich zusammenstürzt, dass Papa sich in seinem Atelier einschließt und nicht mehr isst – auf den Gedanken, dass es ihm vielleicht ganz guttut, mal ein bisschen abzunehmen, kommst du nicht … Du bastelst dir eine Collage, wie es um uns alle und insbesondere um unseren Bruder bestellt ist.

Ich sage, du bastelst dir eine Collage, weil ich eine Freundin habe, die ebenfalls gerne Collagen anfertigt. Sie tut das an sich nur für sich, manchmal schenkt sie jedoch auch Freunden und Verwandten welche und stellt in Galerien aus. Ich bewundere die Art, wie sie ihren Assoziationen freien Lauf lässt und ihre eigene Sicht der anderen darstellt. Sie meint, es mache ihr Spaß, die »unausweichliche Modalität des Sichtbaren« zu variieren, wie es bei Joyce heißt.

Wie soll ich es sagen? Ich finde, deine Collage ist für Boris nicht sonderlich interessant und sie zeugt auch nicht unbedingt von noblem Charakter. Du machst dir weniger Sorgen um ihn als um unsere Eltern. Du gehst mit keinem Wort auf die Gründe ein, die ihn dazu gebracht haben, sich von uns allen abzuwenden. Und zum Schluss kommst du mit diesem alten Chanson daher, Leute wie uns gibt's jede Menge, als wolltest du die Probleme herunterspielen, die wir hatten und immer noch haben.

Ich glaube, Boris würde uns gern mehr davon erzählen, was in ihm vorgeht und was ihn eigentlich dazu bewogen hat, jeglichen Kontakt zu uns abzubrechen. Vielleicht fällt es ihm schwer, uns das zu sagen, so wie es uns schwerfällt, das zu verstehen. Und es ist auch nicht leicht, seine Empfindungen in Worte zu fassen, seine Gefühle zu zeigen, Meinungsverschiedenheiten auszutragen und Grenzen zu setzen. Vor allem wenn es dabei, wie bei uns, auf keinen Fall laut zugehen darf. Das war ja immer die oberste Devise.

Es ist schon in Ordnung, eine anständige Tochter zu sein. Aber wenn man vor lauter Anstand nicht mehr schlafen kann … Du hast mir vor einiger Zeit erzählt, dass du dir selbst Schlaftabletten verschreibst, weil du unter Schlaflosigkeit leidest. Das kommt eben davon, wenn man es so macht wie die drei Affen: nichts hören, nichts sehen, nichts sagen.

Wenn ich dir so deutlich meine Meinung sage, dann tue ich das nur aus Liebe. Du bist meine Schwester, ich hänge an dir, du sollst ein bisschen mehr an dich selbst denken. Ich habe den Eindruck, dass du einfach blind Mamans Regeln übernimmst. Wir müssen offen miteinander reden können, wir brauchen eine andere Moral.

Ich gebe die Hoffnung nicht auf. Boris' Brief ist eine Chance für uns alle. Er schreibt, dass er in einer tiefen Krise steckt, und diese Krise eröffnet Möglichkeiten. Die Hoffnung legt zumindest das Chinesische nahe, im Chinesischen besteht das Wort Krise aus zwei Schriftzeichen, *wei* und *ji* (危机), sie bedeuten Gefahr und Gelegenheit.

Es gibt ein altes chinesisches Gedicht, in dem heißt es: »Viele Gefühle sind so wie gar keine Gefühle.« Ich habe diesen Vers Maman geschickt, sie kann ihn sich im Salon aufhängen. Er besagt, dass wir unseren Gefühlen vertrauen müssen, auch wenn wir es nicht schaffen, sie zu zeigen.

So weit. Jetzt ist meine Mittagspause zu Ende.

Ich drück dich.
Deine 妹妹 Mimi

Und kannst du mir bitte das Rezept für Mamans Apfelkuchen schicken? Ich habe Maman darum gebeten, aber sie vergisst es ständig. Ich möchte den Kuchen genauso machen wie sie. Ein bisschen Zimt drauf … Ist mein Lieblingskuchen. Und der von Boris.

Boris an seinen Vater Lionel

Genf, den 18. Oktober

Gepriesener Vater!

Ein Brief von dir! Was für ein Ereignis! Ich weiß nicht, was plötzlich in euch alle gefahren ist.

Erst einmal muss ich loswerden, dass unsere Geschichte und die von deinem Vater, deinem Bruder und dir nicht die gleiche ist. Das Problem ist nicht, dass Dinge sich einfach wiederholen, auch wenn ich mich in die Lage von Onkel Jérôme natürlich sehr gut hineinversetzen und seine Angst verstehen kann. Die Angst zu scheitern, im Elend zu enden. Man kann diese Angst nur überwinden, indem man Karriere macht.

Es gibt noch ein paar andere Punkte, die eine Rolle spielen. Du hast eine recht merkwürdige Art zu lieben. Du hast immer versucht, mich nach deinem Bild oder deinen Bedürfnissen entsprechend zu formen. Dass ich ganz anders bin als du, dass ich ein eigenständiges Individuum bin, dass ich nicht dazu da bin, deine Vorstellungen in die Tat umzusetzen, hat dich nie interessiert. Sartre hat irgendwo geschrieben, ich glaube, es ist in *Saint Genet, Komödiant und Märtyrer*: »Es kommt nicht darauf an, was man aus uns gemacht hat, sondern darauf, was wir aus dem machen, was man aus uns gemacht hat.« Du magst Sartre nicht, ich weiß. Aber er hat vollkommen recht. Er hat auch geschrieben, dass ein Kind ein Monstrum ist, das die Eltern mithilfe ihrer eigenen Sorgen fabrizieren. Das steht in *Die Wörter*, glaube ich.

Es hat lange gedauert, bis ich mich dazu entschlossen habe, ein anderer zu werden als der, den du aus mir machen wolltest, und auch ein anderer als der, den Maman aus mir machen wollte. Die Medizin war schlicht nicht das Richtige für mich. Das heißt, vielleicht hätte ich mich zur Not damit abfinden können, ein Arzt zu werden, wie du einer warst, aber der Beruf hat sich ja stark verändert, du kriegst das wahrscheinlich gar nicht mit. Heutzutage geht es nur noch darum, Apparate zu bedienen, Moleküle nachzuweisen, Statistiken auszuwerten, akademische Rivalitäten auszutragen und mit korrupten Pharmakonzernen zu verhandeln. Irgendwelche Institutionen machen dauernd Druck, man schlägt sich mit lästigem Verwaltungskram herum, es gibt für alles eine Maschine, und es gilt das Motto: »Publish or perish«. Veröffentliche oder gehe unter. Aber die Lebenserwartung der Leute steigt, es geht ihnen gut, was will man mehr! Ich fand den ganzen Betrieb ziemlich unmenschlich. Diese dummen, unappetitlichen, fortschrittsgläubigen Ingenieure, die glauben, durch den Einsatz von Technologien die Möglichkeiten in der Zukunft zu erweitern!

Wenn du es genau wissen willst, mich hat die Arbeit im Krankenhaus moralisch verdorben. Ich war dort fehl am Platz. Meine Kollegen waren alle wahnsinnig angepasst, ihr größter Albtraum war es, ihre Stelle zu verlieren. Brave Schäfchen, glückliche, willfährige Diener der Apparatemedizin.

»Hast du dein Schicksal nicht herumkriegen können, bist du nur eine gemietete Wohnung gewesen.« Das sagt Henri Michaux in *Eckpfosten*. Ich glaube, da wolltest du mir einen Rat fürs Leben geben, als du mir dieses Buch geschenkt hast.

Zum Glück habe ich nebenher noch meinen Master of Business Administration draufgesetzt. Das war für mich nicht nur eine Freizeitbeschäftigung, das war nicht bloß Show. Das hat mir Spaß gemacht, ich war ganz in meinem Element, aber das hat dich null interessiert. Du wolltest, dass ich deine Träume verwirkliche. Du wolltest mir die Kehle durchschneiden, mich opfern, so wie Abraham seinen Sohn Isaak opfern wollte.

Letztlich hast du dich mir gegenüber genauso verhalten wie dein Vater gegenüber seinen Söhnen. Im Gegensatz zu deinem Bruder hast du deinem Vater gehorcht. Warum bist du eigentlich nicht dem Beispiel Cézannes gefolgt, den du immer so bewundert hast? Wie so viele andere Künstler hat Cézanne sich geweigert, den vom Vater vorgegebenen Weg zu gehen. Chaim Soutine hat sich aus der Unterdrückung des Vaters befreit, indem er eine Karikatur des Gemeinderabbis angefertigt hat. Sein Vater hatte ihn geschlagen, wenn er ihn beim Zeichnen erwischt hat.

Es gab einen Moment, an dem ich nicht mehr aus meiner Haut herauskonnte. Ich habe eine Entscheidung getroffen. Ich war geschickt im Spekulieren an der Börse und im Jonglieren mit großen Summen. Die Schweizer hatten schon ein Auge auf mich geworfen. Sie haben mir einen Vertrag angeboten. Also habe ich die Fliege gemacht. Ihr konntet euch von mir aus zum Teufel scheren, du, Maman, die ganze Familie.

Ich habe keine andere Möglichkeit gesehen, als den Kontakt zu euch einzustellen.

Aber war das die richtige Lösung? Ich weiß es nicht, ich weiß es immer noch nicht. Ich wollte nun mal ich selbst sein, mich im Leben beweisen, ein guter Ehemann, ein super Vater und ein toller Manager sein.

Sag mir, Papa, ist es überhaupt möglich, alle Brücken hinter sich abzubrechen? Habe ich euch nicht vielmehr meine ganze Not geklagt, indem ich die Verbindung zu euch gekappt habe? Aber nach ein paar schüchternen Versuchen, mich zu erreichen, habt ihr die Sache ja ziemlich schnell aufgegeben. Ihr habt mich beim Wort genommen. Ich hatte fast den Eindruck, dass es euch relativ gut in den Kram gepasst hat. Ist euch nie der Gedanke gekommen, dass ich insgeheim hoffen könnte, ihr würdet mir hinterherlaufen?

Dann habe ich euch meine Not umsonst geklagt, ein Albtraum. Der Rest war Schweigen.

Mir würden noch einige andere Dinge einfallen, die ich gern loswerden würde. Ein andermal, sollten wir diese Korrespondenz denn fortführen.

Boris

Charlotte an ihre Schwester Mireille

Paris, den 24. Oktober

Meine liebe *Meimei*,

dein Brief ist zwar recht gescheit, aber ich muss sagen, er hat mich ganz schön aufgeregt. Du tust so, als wäre in unserer Familie alles bloßer Schein, als würden die Gefühle, die wir füreinander haben, lediglich ein Zweckbündnis zusammenhalten. Darf ich daraus also schließen, dass es nur leere Worte sind, wenn du mich deine liebe Schwester nennst? Und warum kümmerst du dich eigentlich um meine Schlafprobleme?

Du hältst mir vor, dass Boris in meiner »Collage« nicht besonders gut wegkommt und ich mir hauptsächlich Sorgen um unsere Eltern mache. Du hast anscheinend keine Ahnung, wie sehr ich meinen Bruder liebe! Ich möchte an der Stelle aber mal daran erinnern, dass Boris mich früher ständig in seine Auseinandersetzungen mit Papa hineingezogen und mir erzählt hat, dass Papa mich bevorzugt, weil ich so brav bin.

Das stimmte nicht. Papa hat Boris vergöttert. Er hat sogar seine Ideale auf ihn projiziert. Er hat ihn ganz bestimmt nicht tyrannisiert, er hat auch uns nie tyrannisiert. Und wenn ich jetzt unsere Eltern in Schutz nehme, hat das nichts mit Bravsein zu tun.

Die Medizin hat Boris einfach zum Hals herausgehangen. Er ist nun mal der geborene Manager. Weißt du noch, wie er immer mit uns wetten wollte, als wir noch klein waren, mit welchen Tricks er uns unsere Sachen abgeluchst hat und wie geschickt er danach

Mamans Fragen ausgewichen ist? Er hat nie das Risiko gescheut, und er war extrem schlau. Er legt sich immer eine Strategie zurecht, auch wenn es darum geht, seine Freunde zu manipulieren oder eine Frau zu verführen. Wären unsere Eltern nicht so romantisch und künstlerisch veranlagt, hätten sie sich für diese Veranlagung ihres Sohns auch nur ein wenig interessiert, hätten sie ihn vielleicht besser fördern können, und vermutlich hätte das auch verhindert, dass es zu einem solchen Zerwürfnis kommt.

Dass er sich ungerecht behandelt fühlt, hat Boris in meinen Augen nur gesagt, um das Gesicht zu wahren. Irgendetwas musste er ja sagen, als er sich von der Medizin abgewandt hat. Er hat Papa unterstellt, dass er versucht hat, ihn zu benutzen, Maman hat er das Gleiche vorgeworfen. Ich habe das noch im Ohr, wie er Gift und Galle gespuckt hat: »Ich habe es satt, euer Kasper zu sein.« Und dann hat er die Tür hinter sich zugeknallt. Ich meine, er brauchte schon einen guten Grund, um sich von der Medizin loszusagen. Die Schuld der Familie in die Schuhe zu schieben ist ziemlich bequem. Familien, ich hasse euch! War das nicht irgend so ein arroganter Päderast, der das geschrieben hat?

Es gibt viele Leute, die ihre Familien in den Dreck ziehen. Finstere Gestalten, die auf diese Art ihr eigenes Geltungsbedürfnis befriedigen. Sie betrachten sich selbst zuerst als Individuen, schwellen stolz die Brust und stellen sich über die anderen. Offenbar haben sie völlig vergessen, dass sie im Grunde Säugetiere sind. Sie zeigen ihren Angehörigen die kalte Schulter, halten familiäre Bindung für etwas Vorübergehendes und Triviales, verkünden, die Familie nehme ihnen die Luft zum Atmen, fordere ständig Anpassung ein und gleiche einem ekelhaften Hinterhof, auf dem es nach einem alten Ragout rieche. Erstaunlicherweise lässt sich aber doch immer wieder beobachten, dass ihnen ihr Bruder, ihre Mutter oder ihr Kind plötzlich einfällt, wenn sie krank und verzweifelt sind oder in Schwierigkeiten stecken. Dann brauchen sie meist Hilfe, manchmal versuchen sie auch nur, ihrem Leben wieder einen Sinn zu geben.

Was Boris' flammendes Plädoyer gegen die Medizin angeht, finde ich, er trägt ganz schön dick auf, er übertreibt. Auch wenn es auf dem Gebiet aktuell einige unschöne Entwicklungen gibt, bleibt der Arztberuf doch ein sehr ehrenwerter.

Ich merke vor allem, dass Ärzte in unserer boshaften, desillusionierten Gesellschaft nicht mehr so viel Ansehen genießen wie früher. Die Eltern der Kinder, die ich behandle, haben oft schon alles im Internet gelesen. Sie beäugen mich misstrauisch und fragen: Haben Sie überhaupt einen Zungenabstrich gemacht, oder verschreiben Sie das Antibiotikum jetzt einfach so? Warum machen Sie eine Computertomografie und keine MRT? Kann das nicht auch mit der Laktoseintoleranz zusammenhängen? Ich höre gar nicht mehr hin. Manchmal vergeht mir auch die Lust an der Arbeit. Aber deswegen gleich den Beruf aufgeben?

Ich finde, es ist ganz typisch für dich, dass du Boris verteidigst. Ihr seid auf einer Wellenlänge. Euch liegt immer irgendein Aber auf der Zunge. Und ihr habt im Gegensatz zu Luc und mir, den Angsthasen der Familie, ein unglaubliches Selbstvertrauen, eine große innere Gewissheit, fast ein Überlegenheitsgefühl. Vielleicht habt ihr ja doch jede Menge Liebe und Zuwendung bekommen? Ich bin das mittlere Kind, das ist erst eine undankbare Rolle, absolut reizlos.

Aber, Mimi, wäre es nicht viel angebrachter, den Standpunkt eines jeden Einzelnen zu berücksichtigen, anstatt hier die Freiheitskämpferin zu spielen? Ich möchte dich nicht dazu ermahnen, dich neutral oder unparteiisch zu verhalten, das wäre verfehlt, aber du könntest auch gleichzeitig oder abwechselnd für verschiedene Seiten Partei ergreifen. Das klingt vielleicht erst mal paradox. Aber es ist doch möglich, sowohl Papa als auch Boris zu verstehen.

Die Eltern der Kinder, die ich behandle, haben sich oft in erbitterten Streits festgefahren und sind sich spinnefeind, was nicht gerade zum Wohl ihrer Kinder ist. Auch da versuche ich mit meinem Team, auf die Gefühlslage eines jeden Einzelnen einzugehen und nicht die einen als die Guten hinzustellen und die anderen als die Bösen abzustempeln.

Ich bin gerne bereit, Boris zuzuhören und ihm mein Herz zu öffnen, allerdings nicht um jeden Preis. Seine Opferpose geht mir ein bisschen auf den Geist, sie hat auch etwas Selbstgefälliges, er tut gerade so, als wäre er der heilige Sebastian. Ich glaube jedoch, dass er wirklich leidet und unser Verständnis und unsere Unterstützung braucht.

So wahnsinnig sauer bin ich aber auch wieder nicht auf dich. Ich bin nur zurzeit in einer komischen Stimmung, hängt sicher mit meinen Schlafstörungen zusammen, meine harte Schale hat ein paar Risse bekommen, man sagt mir, ich müsse »innerlich loslassen«, aber offensichtlich weigere ich mich. Trotzdem haben mir deine Zeilen wehgetan. Du bist scharf mit mir ins Gericht gegangen.

Ich möchte dir noch ein Geheimnis anvertrauen, aber ich traue mich nicht so recht. Es betrifft meine Beziehung zu Ernest. Ich habe es ja neulich in Turin schon angedeutet, bei unserem Spaziergang nach deinem Symposium über Matteo Ricci. Als wir im Anschluss daran die anderen in der Taverna dei Mercanti getroffen haben, haben Ernest und ich unseren Eltern, Kindern und Freunden zuliebe wieder artig gelächelt. Vielleicht neige ich doch dazu, unsere Eltern nachzuahmen, ein solches Verhalten entspricht ganz ihrem Stil. Aber lassen wir das, ich kann im Moment nicht mehr sagen.

Weißt du, Mimi, ich habe dich immer um deine ehrliche und unerschrockene Art beneidet. Du sagst, was du denkst, machst, was du willst, bist vollkommen frei im Kopf. Du vergisst dabei jedoch nicht deine Pflichten, stehst zu deiner Familie, ich glaube, du würdest mich nie verlassen. Während ich immer Theater spiele und so tue, als wäre alles bestens. Vielleicht habe ich Angst, die anderen zu enttäuschen? Ich muss anscheinend dauernd das Bild, das die anderen von mir haben, bestätigen.

Vergangene Nacht habe ich von unserer Großmutter Noémie geträumt. Sie irrte mit geschlossenen Augen, zerzaustem Haar und nach vorn gestreckten Armen durch eine verlassene Nebellandschaft, shakespearehaft. Sie murmelte die ganze Zeit unverständliches Zeug vor sich hin, aber wenn ich mich näher heranschlich, um vielleicht doch zu verstehen, was sie sagte, machte sie keinen Mucks mehr.

Ich drück dich fest.
Charlotte

Auf dem anderen Zettel steht das Rezept von Mamans Apfelkuchen. Achtung: nicht zu viel Zimt! Und Pink Ladys, keine Golden Ladys.

Liu an Lionel und Sophie

Paris, den 24. Oktober

Liebe Sophie, lieber Lionel,

Boris' Therapeut hat angeregt, dass ich, euer Schwiegersohn, euch einen Brief schreibe, in dem ich darlege, wie ich die Familie meiner Frau sehe. Das hat mir Charlotte mitgeteilt. Ich weiß nicht, welche Absichten er hegt, aber ich folge seinem Aufruf gerne. Mireille hat mir geholfen, diese Zeilen in ein ordentliches Französisch zu bringen.

Ich werde also versuchen zu beschreiben, wie ich meine »yuè-fùmǔ jiā« (岳父母家) – so heißt die Familie des Ehepartners im Chinesischen – wahrnehme.

Als Erstes möchte ich sagen, dass ihr mich sehr gut aufgenommen habt – so wie auch Mireille von meiner Familie sehr gut aufgenommen worden ist.

Ich schätze mich glücklich, eine 岳父母家 wie die eure zu haben, ihr seid für mich wie Eltern, und ich sehe meine Schwäger und Schwägerinnen als Brüder und Schwestern an. Ihr seid alle aufrichtige Menschen, »jūnzǐ« (君子), die Achtung verdienen. Ihr habt einen ausgeprägten Familiensinn, selbst Boris, den ich noch nicht kennengelernt habe. Ich fühle mich euch schon eng verbunden.

Und mit der Geburt des kleinen Boris sind wir noch enger zusammengewachsen. Ein Kind ist immer ein Garant dafür, dass eine Ehe Bestand haben wird, oder? Es stärkt die Beziehung zwischen den Eltern, aber auch das Verhältnis der Eltern zu ihren Familien.

Einer kinderlosen Beziehung fehlt oft irgendetwas, sie ist weniger intensiv, zerbricht leichter – wobei, das stimmt auch nicht immer.

Verfalle ich gerade in Klischees? Es gibt natürlich sehr viele Paare, die sich scheiden lassen, obwohl sie Kinder haben. Und in China wollen die meisten jungen Eheleute erst gar keine Kinder in die Welt setzen. Sie gehen lieber arbeiten und verdienen einen Haufen Geld. Dieses Modell ist auch im Westen weitverbreitet. *Double Income no Kids*, kurz DINK, so bezeichnet man die gesellschaftliche Gruppe, die keineswegs nur aus schwulen und lesbischen Paaren besteht. Wenn die DINKs dann doch einmal ein Kind zeugen, wird es meist zu den Großeltern gegeben, für die es einen hohen emotionalen und einen moralischen Wert besitzt.

Ihr habt mich sofort herzlich empfangen und wart äußerst großzügig. Ihr habt nicht gefragt, was ich in die Ehe einbringe, Lionel hat mir ins Ohr geflüstert, seine Tochter sei nicht käuflich. Ich teile diese Ansicht, in China ist es jedoch durchaus üblich und auch ehrenhaft, gewisse Sicherheiten zu erwarten. Mein Vater sieht die Dinge allerdings genauso wie Lionel, er hat an seinen künftigen Schwiegersohn keinerlei Forderungen gestellt, als dieser meine Schwester zur Frau nehmen wollte.

Viele alte Traditionen gelten in meinem Land heute als überholt. Das hat nicht nur mit der Verwestlichung der Gesellschaft, sondern auch mit der Politik von Mao Tse-tung zu tun.

Meine Eltern haben Mireille fest in ihr Herz geschlossen. Sie ist immer unglaublich respektvoll und hilfsbereit. Zudem kennt sie die Sitten des Landes und spricht besser Chinesisch als die Chinesen – ich dagegen muss mich schämen, weil mein Französisch immer noch so schlecht ist. Sie steht auch meiner großen Schwester Lin sehr nah, die beiden sind wie Schwestern. Ja, meine Frau ist wirklich ein Teil meiner Familie, so wie ich ein Teil ihrer Familie bin.

Ich habe einige chinesische Freunde, die ebenfalls eine Französin geheiratet haben. Das Ganze läuft nicht immer gut. Ihre Familien betrachten die interethnische Verbindung mit feindseligem Misstrauen. Das kann verschiedene Gründe haben: Sie denken, die kulturellen Unterschiede seien zu groß, die Sprachbarriere unüberwindlich, die Partnerin habe eine vollkommen andere Erziehung genossen, gehöre einer anderen Religion an, vertrete andere moralische Werte und sei von zu hohem oder niedrigem wirtschaftlichen Rang. Diese Vorbehalte bleiben auch nach der Hochzeit der Quell vieler Streitereien.

Zum Glück geht es in eurer und meiner Familie nicht so zu. Wir hatten in Peking ein schönes Hochzeitsfest. Na ja, es war ja nur ein Stehimbiss in der Küche mit Tee und Erdnüssen, wir haben gefeiert wie die jungen Maoisten früher, fehlten bloß noch die blauen Kosakenhemden. Aber wir mussten das abgekürzte Verfahren einleiten, die Sache schnell offiziell machen, Mireille war ja bereits schwanger. Im Frühling findet in Paris die standesamtliche Trauung statt, und im Herbst folgt in Peking die »ökumenische«.

Meine Eltern, meine Schwester und ihr Mann kommen zur standesamtlichen Trauung nach Paris. Ich freue mich schon darauf, ihnen diese wundervolle Stadt zu zeigen! Ich bin auch guter Dinge, dass Boris und seine Kinder da sein werden. Schließlich gibt es nun wieder Kontakt zu ihnen.

Ich wollte noch einen Vorschlag machen. Mathias und Léon dürfen offenbar ihren Vater nicht mehr sehen. Wenn Mathias in Genf so schlechten Umgang hat, könnte er doch für einige Zeit bei uns wohnen! Ich würde ihn in die chinesische Kalligrafie einführen, man muss sich nicht unbedingt mit dem Pinsel in ihr üben, es geht auch mit Sprühfarbe und Marker. Hoffentlich hat seine Mutter nichts dagegen! Aber sie scheint ihren Sohn komplett in Beschlag nehmen zu wollen.

Mathias würde sich auf diese Weise wieder der Familie seines Vaters nähern, und ich könnte mich ein wenig nützlich machen. Falls er Geschmack an der Kalligrafie finden sollte: Ich habe in

Genf einen chinesischen Freund, der ein ganz hervorragender Kalligraf ist. Er könnte den Unterricht vielleicht später fortsetzen. Fragen kostet nichts ...

Am liebsten würde ich noch ein Wort an die Lebensgefährten eurer anderen Kinder richten, an Ernest und Rita, aber auch an Ruth (selbst wenn sie diese Zeilen wahrscheinlich nicht lesen wird) und eigentlich auch an die Partner von Rachel und Maisy, Max und Lawrence. Wir haben etwas gemeinsam. Wir sind mit den Enkeln von Léon dem Ersten und Marthe beziehungsweise mit den Enkeln von Charles und Noémie eine Verbindung eingegangen. Wir haben ihr Erbe angetreten, wir haben eine Verpflichtung gegenüber unseren Vorfahren. Wir müssen diesen Schatz bewahren und ihn an künftige Generationen weitergeben.

Danke, dass ihr euch die Zeit genommen habt, meinen Brief zu lesen. Ich übergebe den Stift nun an Mireille, die auch noch etwas schreiben will.

In Liebe und Hochachtung
Liu

Anmerkung von Mireille:
Ja, ich möchte auch noch etwas schreiben. Leider muss ich wieder einmal ein bisschen in die Suppe spucken. Lius Rede ist ja sehr hübsch, konfuzianisch und noch dazu extrem diplomatisch. Im Spanischen heißt die Familie des Ehepartners *familia politica*, fällt mir dabei ein ... Ganz reizend, wenn Liu die Ansicht vertritt, es gelte einen Schatz zu bewahren. Aber besteht dieser Schatz denn wirklich aus lauter wertvollen Dingen? Müssen wir nicht vielmehr die Spreu vom Weizen trennen, das Gute ins Töpfchen, das Schlechte ins Kröpfchen? Ich meine, aus diesem Erbe kann man viel aussortieren.

Wir haben alle die gleiche DNA, in der Kraft, Gesundheit sowie allerlei Übel und Laster enthalten sind. Aber wir haben das Recht, das beiseitezulassen, was sich in der Vergangenheit als falsch erwiesen hat. Wir müssen nur entscheiden, was tatsächlich falsch war. Auf welche Ingredienzien wir in Zukunft besser verzichten. Das sind Fragen der Erziehung, die gestellt werden müssen.

Ich möchte meinen kleinen Boris nicht nach einem von mir oder von Liu vorgefertigtem Bild formen. Ich möchte, dass unsere Liebe nicht darunter leidet, wenn wir unterschiedlicher Auffassung sind. Ich möchte offen und ehrlich mit ihm reden können, es ist mir egal, ob wir den Schein einer harmonischen Familie aufrechterhalten. Und ich möchte keine unerfüllbaren Hoffnungen in ihn setzen.

So weit ein paar Vorschläge, mit gewissen Familientraditionen zu brechen.

Hoffentlich mit dem Segen unserer Vorfahren.
Mireille

Sophie an ihre Schwester Elsa

Paris, den 25. Oktober

Schwesterchen, liebes Schwesterchen,

ich fühle mich elend und hilflos. Wie ein totes Blatt. »Und ich mache mich auf den Weg im stürmischen Wind, der mich hin und her treibt ...«

Seit Boris' Brief ist meine kleine Welt in Aufruhr. Ich bin völlig verwirrt. Bin ich falsch und durchtrieben? Habe ich einen schlechten Einfluss auf meine Kinder gehabt? Ich stehe vor Boris' Foto im Salon und stelle mir alle möglichen Fragen.

Ich frage mich zum Beispiel, ob ich zu viel Wert auf Äußerlichkeiten lege. Es hat mich tief erschüttert, als sich Boris vor sieben Jahren von uns abgewendet hat. Und sein Brief nun erschüttert mich erneut. So tief, dass ich auf der Stelle auf den Küchenboden hinabsinken könnte.

Boris hat mir die Augen geöffnet. Mireille hat mir vor ein paar Tagen geschrieben und mich ebenfalls ins Gebet genommen – du weißt ja, wie sie ist. Sie findet, dass ich mich Boris gegenüber immer ganz anders verhalten habe als gegenüber meinen anderen Kindern. Da ist auf jeden Fall was dran. Boris war mein erstes Kind. Wie soll ich sagen? Wir haben einander perfekt ergänzt, er war wie ein Teil von mir, ich habe mir das anscheinend nie so recht eingestanden. Und es war mir damals auch nicht so bewusst. Aber ich weiß, dass diese Art von Mutter-Sohn-Verhältnis ungesund ist. Ich konnte einfach nicht anders, ich halte mir das heute selbst vor.

Boris hat unter meiner Liebe gelitten. Er hat sich wohl einerseits zu mir hingezogen und andererseits von mir abgestoßen gefühlt. Ich war immer zu sehr mit mir selbst beschäftigt und bin nicht genug auf ihn eingegangen. Mireille wirft mir vor, dass ich ihn idealisiert habe, wie es mir gefallen hat. Was ich von Lionel nicht bekommen habe, habe ich versucht, von meinem *Kobold* zu bekommen. Aber er war ja eigentlich nicht dazu da, meine Wünsche zu erfüllen. Also habe ich ihn getäuscht und sein kindliches Vertrauen missbraucht.

Erst als er vollständig den Kontakt zu uns abgebrochen hat, ist mir klar geworden, dass Lionel und ich die ganze Zeit heile Welt gespielt haben. Boris war für mich fast so etwas wie ein Ersatz für Lionel, der ja selten greifbar war. Boris war mein Tröster, mein heimlicher Komplize, aber ich habe dieses enge Verhältnis immer geleugnet, um das Bild der intakten, harmonischen Familie aufrechtzuerhalten.

Wenn ich daran zurückdenke, schäme ich mich richtig. Muss ich jetzt alle Schuld auf mich laden, um wieder einen würdigen Platz in meiner Familie einnehmen zu können?

Du bist meine Schwester, du bist die Einzige, mit der ich mich traue, so zu reden. Vielleicht könnte ich mich auch an Marie-Luce wenden, aber sie ist zu weit weg. Von den anderen steht mir Charlotte am nächsten, sie versteht mich noch am besten, aber ich wage es nicht, mich meiner Tochter anzuvertrauen.

Ich möchte so gern einen Weg finden, um aus diesem Tief wieder herauszukommen. Aber ich sehe keinen Weg. Ich komme mir unglaublich verloren vor.

Neulich habe ich Father Mulligan mein Herz ausgeschüttet. Er hat mir keine Moralpredigt gehalten, er hat das Kinn gehoben, in die Ferne geblickt und gesagt: »Bitten Sie Ihren Mann um Hilfe, er muss Ihnen beistehen in dieser harten Zeit. Versuchen Sie nicht, die Probleme alleine zu lösen.« Aber kannst du dir vorstellen, dass ich in einer solchen Situation Lionel ins Vertrauen ziehe? Er hat Boris doch noch nie verstanden und schließt sich jetzt in seiner Festung ein, seinem sogenannten Atelier. Das Verhältnis zu seinem Sohn ist eine einzige Katastrophe.

Verzeih mir, dass ich dich mit diesen Dingen belaste, wo du doch selbst so schwere Prüfungen bestehen musst.

Hast du Simon geschrieben? Wir haben gar nicht mehr darüber gesprochen. Lass von dir hören, Schwesterchen.

In Liebe
Sophie

Yuri an Charlotte

Genf, den 27. Oktober

Liebe Charlotte,

ich habe Ihre E-Mail aufmerksam gelesen. Sie beschreiben, welche Sorgen Sie sich um Ihre Familie machen. Sie sind gerade an mehreren Fronten gefordert. Erlauben Sie, dass ich Ihnen in Form eines handgeschriebenen Briefs antworte – ich bin eben leider ziemlich hartnäckig.

Sabine steckt mitten in der Pubertät, und Zoé verbündet sich mit ihrer älteren Schwester gegen Sie. Es gibt Spannungen zwischen Ihren Eltern. Ihre Mutter plagen Schuldgefühle. Auch die Situation zwischen Boris und seinen Söhnen bereitet Ihnen Kummer. Außerdem machen Sie sich Gedanken über Ihre Schwägerin Ruth, die Boris dämonisiert – das ehrt Sie. Doch vielleicht hat sie diesen Streit ja auch ein bisschen gesucht? Schließlich stellt Ihre Schwester Mireille Ihre Rolle als Vermittlerin und Mediatorin zwischen den einzelnen Familienmitgliedern infrage.

Meiner Meinung nach sind das aber alles gute Zeichen. Es gehen wichtige Dinge vor sich, wenn auch nicht unter Ihrer Führung. Sie fühlen sich für Ihre Familie verantwortlich und tun sich deswegen schwer, diese Dinge zu akzeptieren. Sie haben die Rolle der Mutter oder des Vaters übernommen, Ihren Eltern wie Ihren Geschwistern gegenüber.

Alles, was zurzeit passiert, dient vermutlich dazu, das Familiensystem wieder ins Gleichgewicht zu bringen. All das hat wahrscheinlich einen Sinn – auch wenn Sie im Moment ein wenig wie die Leidtragende aussehen.

Welche Stellung innerhalb der Familie würden Sie denn gerne einnehmen? Können Sie damit leben, wenn die Dinge manchmal etwas undurchsichtig sind?

Ja, das ist im Augenblick eine heikle Phase, aber da müssen Sie durch. Es kommen auch wieder ruhigere Zeiten.

Herzliche Grüße
Yuri

Boris an seinen Sohn Mathias

Genf, den 28. Oktober

Mein Matou,

stell dir vor, mein Vater hat mir einen Brief geschrieben. Ich habe ihm sogar schon geantwortet und dabei Lust bekommen, dir auch einmal zu schreiben.

Hoffentlich kriegst du meine Post überhaupt, deine Mutter würde sie dir ja garantiert nicht geben. Aber Léon hat gemeint, er würde die Sache übernehmen, als er mir neulich hier im Viertel zufällig über den Weg gelaufen ist. So machen wir das jetzt also.

Ich habe mich wahnsinnig gefreut, ihn zu sehen! Er hat mir ein bisschen was von dir erzählt, allerdings nicht besonders viel – er wollte anscheinend nichts sagen, was dir oder deiner Mutter irgendwie unangenehm sein könnte. Er hatte auch Sokrates dabei. Er ist gleich auf mich zugesprungen und hat mir das Gesicht und die Hände abgeleckt.

An der Stelle erklingen nun plötzlich die Geigen: Wenn du wüsstest, wie schrecklich ich dich vermisse! Es ist mittlerweile über ein Jahr her, dass ich dich zum letzten Mal getroffen habe. Das Gericht hat vor Kurzem beschlossen, dass wir wieder ganz normal Umgang miteinander haben dürfen, aber das weißt du ja. Ich habe das dumpfe Gefühl, Léon hat schon einen Schritt auf mich zu gemacht. Wir haben uns für nächste Woche verabredet. Aber du willst nichts mehr von mir wissen. Du bist zu nichts verpflichtet, du bist schließlich volljährig.

Warum bist du mir überhaupt böse? Glaubst du mir, wenn ich dir sage, dass ich es gar nicht weiß? Ich habe schon viel darüber nachgedacht, was die Gründe sein könnten – und bin zu keinem rechten Schluss gekommen.

Du hast einmal gesagt, dass dir meine Erziehung zu lax war, dass ich dich und Léon euch selbst überlassen habe und euch bei allen schwierigen Fragen an eure Mutter verwiesen habe. Du hast auch gesagt, dass meine Bemerkungen über Arbeitskollegen und Freunde (wenn ich denn je welche gehabt haben sollte) meistens überzogen sind und mein Urteil oft ungerecht ist. Du hast erklärt, dass meine Haltung herablassend und zynisch ist – aber das hat man dir auch angesehen, wenn du dich über meine abfälligen Kommentare aufgeregt hast.

Ich glaube außerdem, du denkst, dass ich es nicht geschafft habe, deine Mutter zu lieben, dass ich mich nur um deinen Bruder und dich gekümmert habe, nicht aber um sie. Dabei habe ich wirklich versucht, alles zu geben. Doch du stellst dich gegen mich, hältst zu ihr und gehst mir aus dem Weg.

Du weißt, dass mich deine nächtlichen Graffitisprühereien, das Rumgehänge und das Gekokse nerven. Ich finde nun mal, dass du dich der echten Malerei widmen solltest.

Na ja, das sind die Sachen, die mir in den Sinn kommen. Liege ich einigermaßen richtig? Oder völlig daneben? Ich würde mich freuen, wenn du mir ein wenig erzählen würdest, was in deinem Kopf vorgeht, ich leide unter dem eisernen Schweigen, das dir doch auch zu schaffen machen muss. Hilf mir, ein besserer Vater zu werden, und ich helfe dir, ein besserer Sohn zu sein.

Ich fände es schön, wenn du dich auf das Spiel einlassen würdest. Beachte mich wieder ein bisschen und schreib mir auch einen Brief. Ich merke gerade, dass das Briefeschreiben eine gute Art ist, wichtige, persönliche Dinge anzusprechen. Es ist dafür einfach besser geeignet als Facebook, WhatsApp und Konsorten.

Du könntest den Brief Léon geben, er würde ihn mir bestimmt weiterleiten. Es ist wahrlich ein Bild für Götter, wenn er und Sokrates spazieren gehen.

Ich drück dich fest.
Dein Vater

Luc an seinen Bruder Boris

Paris, den 29. Oktober

Gegrüßet seist du, Bruder, voll der Gnade,

dein Brief ist gut angekommen, aber du weißt ja, wie ich bin. Ich habe ihn in ein Buch gesteckt und es dann in der Metro liegen lassen. Ich war schon im Fundbüro bei der RATP, aber ich fürchte, die Lage ist aussichtslos. Ich werde weder das Buch noch deinen sagenhaften Brief wiederkriegen. Das Buch ist übrigens von Stephen Nachmanovitch, einem amerikanischen Violinisten und Komponisten aus Virginia, und heißt *Free Play: Kreativität geschehen lassen*. Es geht um Improvisation, nicht nur in der Musik. Ich sage mir zum Trost, dass dein Brief wenigstens in guter Gesellschaft ist.

Kenny Werner, einer meiner Lehrer in den USA, ist sehr von Nachmanovitch inspiriert. Kenny ist ein genialer Pianist, er hat mir beigebracht, absolut *effortless* zu spielen. Seine Methode kommt mir entgegen, wie du dir vorstellen kannst. Er ist auch ein Freund von Tony, dem Jazzpianisten aus L. A., bei dem ich am Musicians Institute Unterricht genommen habe. Tony ist der Nachbar von Maisy, du hast ihn mal kennengelernt. Er hat mir gezeigt, wie ich beim Komponieren und Arrangieren ganz bei mir bleibe. Du siehst, ich suche mir meine Vorbilder nicht nur in der Familie, wie du.

Ich schäme mich, weil ich deinen Brief in der verdammten Metro vergessen habe. Ich habe mich so über ihn gefreut. Wie mir zu Ohren gekommen ist, hast du auch Papa geschrieben. Und er dir. Wunderbar! Endlich!

Und schön, dass dir »Brothers in Blues« gefällt. Ist ein ganz einfaches Stück, aber ich mag es, weil ich echt an dich gedacht habe, als ich es geschrieben habe. Das Instrument, das du nicht erkannt hast, ist eine Bass-Ukulele. Die Saiten sind aus Silikonkautschuk, das erzeugt diesen tiefen Klang.

Edward kommt demnächst nach Genf, ihr werdet euch treffen, habe ich gehört. Er war auch Anfang des Jahres in Dublin, als ich mit meiner Band dort aufgetreten bin, wir haben in einem Club in Temple Bar gespielt, dem munteren Viertel, wo es von Pubs und Nachtclubs, aber auch von Touristen nur so wimmelt. Die Frauen in diesen Clubs grölen lauthals durch die Gegend, die rothaarigen sind die besten, und die unerschrockenen Saufbolde haben einen herrlich trockenen Humor … Ich wusste nicht, dass Edward auch da ist, aber er hatte eine Einladung vom Trinity College und hat in Dublin irgendeiner Literaturzeitschrift, die drei Gedichte von ihm veröffentlicht hat, ein Interview gegeben.

Leute wie Edward sind heutzutage ja so gut wie ausgestorben. Er redet nie über das, was er schreibt, im Gegensatz zu all den anderen, die ständig Werbung in eigener Sache machen. Aber was er schreibt, ist wirklich toll. Man muss ihm geradezu drohen, zum Beispiel mit Whiskyentzug, wenn man ihm etwas über seine schriftstellerischen Aktivitäten entlocken will. Er führt ein recht zurückgezogenes Leben. Einmal hat er mir gestanden, dass er nur zusammengesunken im Sessel sitzt und sich wertlos vorkommt, wenn er nicht trinkt. Er fährt ständig nach Irland, wo er mit seinem Labrador lange Morgenspaziergänge in den Moorlandschaften unternimmt.

Ich hatte ihn ewig nicht gesehen, und da taucht er auf einmal bei dem Konzert in Dublin auf. Wobei, er hat ja auch vergangenes Jahr in Paris vorbeigeschaut. Er hat Rita damals einen Strauß Maiglöckchen mitgebracht. Ich habe ihn immer noch in guter Erinnerung aus der Zeit, in der ich bei Maisy in Los Angeles gewohnt habe. Er hat seine Schwester regelmäßig besucht, um die literarische

Bildung von Terence und Dorothy zu überwachen, wie er oft gesagt hat. Vor dem Schlafengehen hat er mit seinem Neffen und seiner Nichte gern Kinderlieder gesungen und ihnen Limericks vorgetragen.

Ich habe ihn auf den ersten Blick überhaupt nicht wiedererkannt. Er ist dicker geworden und sieht jetzt ein bisschen so aus wie Brendan Behan, der ein Vorbild von ihm ist. Wir haben im »Molloy's« ein paar Guinness und Whiskys getrunken, sind dann noch in einen anderen Pub gegangen und landeten schließlich in einem riesigen Loft, das einem Freund von ihm gehört. An den Wänden hingen warholmäßige Bilder, Papa hätte sie bestimmt fürchterlich gefunden. Wir haben auf niedrigen Diwanen herumgelümmelt, und Edward hat den irischen Frauen für ihre milchige Haut und ihre Sommersprossen Komplimente gemacht, da war er voll in seinem Element. Seltsamerweise hatte ich am Tag danach nicht mal einen Kater.

Er hat mir erzählt, dass er ab und zu in Genf ist und Kontakt zu dir hat. Womöglich hat er dir ja sogar von unserem feuchtfröhlichen Abend in Dublin berichtet. Redest du mit ihm über das, was gerade bei uns in der Familie los ist? Er hat zu mir gesagt, wir würden das Rad des verhängnisvollen Schicksals eben weiterdrehen, das sei so etwas wie ein angeborener Instinkt. Als ich ihn gefragt habe, ob man diesem Schicksal auch entkommen kann, hat er bloß sein herzhaftes Lachen gelacht, das wahnsinnig ansteckend ist. Dann hat er sich wieder gefangen und mit ernster Stimme bemerkt: »Wir können uns nur berauschen, mein lieber Cousin, das ist das Einzige, was wir tun können. Am Wein, an der Poesie oder an der Tugend, wie einer der Lieblingsdichter deiner Mutter einmal geschrieben hat.«

Na ja, ich habe zwar nicht verstanden, wie das Sichberauschen nun das Rad des Schicksals aufhalten soll, aber irgendwie mag ich seine leicht schräge Art.

Natürlich kannst du bei mir übernachten, wenn du nach Paris kommst. Meine Dachgeschosswohnung ist nicht allzu groß, aber du bist jederzeit herzlich willkommen. Ich habe ein ziemlich bequemes Sofa und werde tonnenweise Cornflakes und Hektoliter Vollmilch für dich einkaufen, damit du zum Frühstück auch genug Cholesterin und Fett abkriegst.

Rita löchert mich die ganze Zeit mit Fragen über dich, sie kann es kaum erwarten, dich kennenzulernen.

Melde dich doch! Wir können auch gerne mal telefonieren, wir müssen ja nicht ausschließlich brieflich verkehren.

Dein Lucky Luc

New York, den 29. Oktober

Lieber Papa,

du kannst stolz auf mich sein: Ich schreibe dir in der Sprache von Voltaire! Französisch ist und bleibt deine Muttersprache. Und wenn du manchmal behauptest, du hättest sie fast vergessen, glaube ich dir kein Wort. Hoffentlich mache ich nicht allzu viele Fehler. Sie werden dir sofort ins Auge springen, da bin ich mir sicher.

Du fragst dich wahrscheinlich, warum ich dir schreibe, wo wir uns doch so oft sehen. Am Dienstag sind wir schon wieder in deinem Club zum Essen verabredet.

Ich möchte dir ein bisschen was von der Familie deines Bruders erzählen. Unsere Verwandten in Europa schreiben sich neuerdings Briefe, mit der Hand. Das entwickelt sich bei denen gerade zur Marotte.

Und wer oder was hat diese seltsame Manie ausgelöst? Dein Neffe Boris, der sich nach sieben Jahren wieder bei seinen Eltern gemeldet hat – findest du nicht auch, dass das wie ein Bibelvers klingt?

Das Schreibfieber hat sich ziemlich schnell ausgebreitet. Und jetzt hat es anscheinend auch mich erfasst.

Papa, das ist unsere Familie, auch wenn du seit vielen Jahren nichts mehr mit ihr zu tun hast. Du weißt, dass ich im Gegensatz zu dir mit ihr in Verbindung stehe. Wenn ich sie hin und wieder treffe, sind sie alle ganz außer sich vor Freude über das Wiedersehen und erkundigen sich nach dir und Eva und nach Maisy und ihrer

Familie. Ihr bedeutet ihnen wirklich viel, obwohl ja überhaupt keine Kommunikation zwischen euch stattfindet. Erstaunlich, oder?

Weißt du was? Ich denke, du solltest wieder Kontakt zu deinem Bruder aufnehmen. Es ist jetzt der richtige Moment. Ich glaube, Lionel geht es nicht besonders gut, die ganzen Ereignisse nehmen ihn extrem mit. Und die Zeit vergeht …

Schick ihm keine E-Mail, ruf ihn nicht an, sondern schreib ihm einen Brief. Gib dir ein bisschen Mühe, damit deine krakelige Schrift auch leserlich ist. Schreib ihm einfach irgendwas, lass dich von mir aus über den Dow-Jones-Index aus, aber gib ihm ein Zeichen. Ich habe das Gefühl, er braucht dich.

Am Dienstag erzähle ich dir mehr. Aber ich bitte dich, schreib ihm.

Noch etwas anderes: Mein Tinnitus lässt mir keine Ruhe. Der Hals-Nasen-Ohren-Arzt, den du mir empfohlen hast, meint, man kann gar nichts machen. Kann es sein, dass meine Ohren deswegen pfeifen, weil in meiner Familie soeben mehrere Personen dabei sind, einen Brief aufzusetzen? Jedenfalls pfeifen sie in diesem Augenblick ziemlich laut. »Welch gräuliche Gestalten …«

Bis Dienstag.
Edward

Vierter Akt

»Bei welcher Beerdigung treffen wir uns das nächste Mal?
Bei deiner? Bei meiner? Oder bei der eines unserer Kinder?
Das ist sicher die grauenhafteste Vorstellung.«

Elsa an ihre Schwester Sophie

Paris, den 1. November

Meine liebe Sophie,

ja, ich habe Simon geschrieben. Und weißt du was? Ich fange wieder an zu leben! Ich stehe wieder fester in der Welt, ich spüre meinen Körper, ich bin wieder da. Ich trage helle Kleider, ich war beim Friseur, ich habe wieder Spaß daran, mit Émilie zusammen zu sein und sie zu bekochen. Und ich laufe. Zehntausend Schritte pro Tag! Außerdem mache ich Tai-Chi. Am frühen Morgen breche ich auf in den Jardin du Luxembourg, wo ich den chinesischen Lehrer, mit dem mich Mireille und Liu bekannt gemacht haben, und weitere Mitstreiter treffe. Der Lehrer, der bestimmt schon auf die hundert zugeht, hat sagenhafte Lachfalten um die Augen. Er ist ungemein gelenkig und strahlt eine große Ruhe aus. Er lächelt nicht oft, aber wenn, dann hat dieses Lächeln etwas total Entwaffnendes.

Es gibt eine Figur, die ich besonders mag, sie heißt *einfache Peitsche*. Man dreht den Oberkörper und bewegt dabei einen Arm anmutig durch die Luft, während man die Hand des anderen Arms zum Haken formt. Wie soll ich sagen, diese Übung elektrisiert mich, es kommt mir vor, als würde ich mich *auspeitschen*. Du weißt schon, was ich meine.

Oft rede ich laut mit Simon. Und ich schreibe ihm weiterhin. Es ist, als würde mich das Schreiben von einer unsichtbaren Last befreien. Ich scheue mich ja, so große Worte in den Mund zu nehmen, aber es lebe die Fantasie …

Wenn ich an all die Artikel und Bücher zum Thema Trauer denke, die ich nach Simons Tod gelesen habe! Was für ein Wust von Dummheiten! »Vergessen Sie alles! Versuchen Sie nicht, mit dem Toten zu kommunizieren, Sie geben sich gefährlichen Illusionen hin, Sie verleugnen die Realität, das schadet Ihrer Gesundheit! Wandeln Sie die Energien um, die in Ihnen stecken! Investieren Sie Ihre Gefühle neu« – das klingt doch abstoßend! –, »investieren Sie in andere Menschen … Sonst verfallen Sie in die Regression, werden psychisch krank, wahnsinnig!« So hören sich die Anleitungen zur Überwindung von Trauer an.

Mit solchem Quatsch will man unsere Seelen gefügig machen. Ich kann dir wirklich nur danken für deinen wertvollen Rat!

Doch kommen wir zur Familie. Ich habe nachgedacht. Ich finde, du solltest ein großes Fest organisieren, um die ganze Familie zusammenzutrommeln. Feste auf die Beine stellen, das hast du doch immer gut gekonnt. Lionel könnte dir dabei helfen, um die Empfehlung von Father Mulligan aufzugreifen. Für gewöhnlich überlässt dein Mann solche Initiativen gern dir. Aber er darf ruhig auch mal »seinen Hintern bewegen«, wie er selbst zu sagen pflegt. Herrgott noch mal!

Er hat Boris also geschrieben, und Boris hat ihm zurückgeschrieben. Das ist doch schon mal ein guter Anfang. Ihr müsst beide mit eurem Sohn in Kontakt bleiben und diesen Briefwechsel fortsetzen, der sicherlich heilende Kräfte hat.

Aber apropos Briefwechsel, jetzt halt dich fest oder setz dich am besten hin. Dann atme einmal tief durch, es geht um unsere Maman:

Nachdem sie nun in diesem Seniorenwohnheim untergebracht ist und wir ihren Mietvertrag gekündigt haben, war ich gestern Nachmittag zusammen mit Rachel und Émilie in ihrer alten Wohnung im 15. Arrondissement, wo wir angefangen haben, den ganzen Hausrat und Mamans persönliche Sachen auszusortieren.

Rachel war kurz unterwegs, um einige Besorgungen zu machen, ich war dabei, Papas Briefmarkensammlung zu ordnen, als Émilie mich rief, ob ich bitte mal kommen könne. Sie stand über eine Truhe gebeugt, in der sich ein paar Fotoalben und anderer Kram befanden, und zeigte auf eine kleine Blechbüchse, die mit hübschen Jugendstilmotiven verziert war. Sie fragte, ob sie die haben könne.

Ich weiß nicht, ob dir die Büchse aufgefallen ist, als wir neulich schon einmal einen Blick in die Truhe geworfen haben, mir jedenfalls nicht. Die Büchse war fest mit Klebeband verschlossen, aber ich habe sie mit dem Messer aufbekommen. Darin befanden sich sechs mit einem himmelblauen Band umwickelte Briefumschläge, allesamt adressiert an eine Pariser Postfachadresse von Noémie. Die Schrift kannte ich nicht, die Briefe trugen einen Münchner Poststempel, einer war von 1953, die anderen von 1961. Auf der Rückseite der Umschläge stand ein großes W, ohne genauere Angabe eines Absenders.

Ich habe erst mal im Kopf nachgerechnet. 1953 hast du gerade das Licht der Welt erblickt, Maman war zwanzig. Zwei Jahre zuvor hatte sie geheiratet. Und 1961 war sie achtundzwanzig, Papa vierzig, du zehn, Marie-Luce acht und ich sieben.

Ich habe überlegt, was dieses W bedeuten könnte. Durfte ich die Briefe lesen? Hätte mir Maman das erlaubt? Ich dachte mir, das ist ungefähr so, wie in ihrem Tagebuch zu schnüffeln. Aber schreibt man Tagebücher nicht in der heimlichen Hoffnung, dass sie eines Tages gelesen werden? Meine Neugier hat letztlich gesiegt. Ich habe gelesen. Und mir wurde schnell klar: Maman hatte einen Liebhaber. Er hieß Wladimir. So sind die Briefe unterschrieben, ohne Familiennamen.

Ich habe fürs Erste nur den Brief von 1953 und den ersten der fünf anderen gelesen. Wladimir brennt vor Leidenschaft, er erklärt unserer Mutter in flammenden Worten seine Liebe, beschreibt sie äußerst sprachgewandt in lasziven Posen und zeichnet sie nackt.

Maman ist auf diesen Skizzen kaum wiederzuerkennen, so jung, so schön und sinnlich … Sie haben sich wohl 1953 kennengelernt und dann acht Jahre nicht gesehen, bevor sie sich 1961 wiederbegegnet sind.

Die restlichen vier Briefe würde ich gern mit dir zusammen lesen.

Kannst du dich erinnern, dass es im Bekanntenkreis unserer Eltern einen Wladimir gab? Ich nicht. Die Familie dieses Wladimir hat offensichtlich während der Oktoberrevolution 1917 aus Russland fliehen müssen, sie war wahrscheinlich zarentreu. Ich habe seinen Briefen entnommen, dass er in Berlin geboren wurde, später in München lebte und dort als Schriftsteller und Dolmetscher gearbeitet hat. Vielleicht erfährt man aus den anderen Briefen ja noch mehr über ihn. Seine Texte sind gespickt mit Zitaten von Puschkin, Gontscharow, Tschechow und Bulgakow … Er war wohl ein richtiger Literaturnarr.

Tja, unsere liebe Mutter hatte also eine heimliche Affäre. Ausgerechnet sie, die sich immer so tugendhaft gegeben hat und um ihre Familie besorgt zu sein schien. Teufel, Teufel!

Ich kann es kaum erwarten, die anderen Briefe zu lesen. Aber ich bitte dich, rede vorerst mit niemandem darüber. Ich frage mich ein bisschen, wie ich Maman nun gegenübertreten soll, wenn ich sie wieder besuche. Werde ich in ihrem verstörten, erstarrten Gesicht die Spuren ihres einstigen Liebeslebens erkennen?

Die Sache wühlt mich ungeheuer auf und lenkt mich von meiner Trauer ab. Ich habe schon mit Simon darüber gesprochen … Um Maman zu necken, hat er manchmal zu ihr gesagt, dass sie bestimmt ein heimliches Liebesabenteuer hat, sonst wäre sie nicht so schön. Er hat den Braten irgendwie gerochen! Er wird sich jetzt ins Fäustchen lachen …

Alles Liebe
Elsa

Lionel an seinen Bruder Jérôme

Paris, den 1. November

Lieber Jérôme,

ich glaube, ich weiß selber nicht genau, warum ich dir schreibe. Möchte ich vielleicht dem Beispiel meiner Frau folgen, die neuerdings Briefe an ihre Schwester verfasst? Hat es damit zu tun, dass heute Allerheiligen ist und ich für dich sozusagen tot bin? Wie auch immer, ich möchte irgendwie auf dich zugehen. Ich schreibe dir auf Französisch, unserer Muttersprache, in der wir uns zwanzig Jahre lang verständigt haben.

Immer wenn ich an dich denke, fühle ich mich schlecht. Ich habe das Gefühl, dass ich dich verraten habe, als ich die Nachfolge unseres Vaters angetreten habe. Ich wollte ein guter Sohn sein und mich von dem bösen Sohn abheben. Du bist dennoch deinen Weg gegangen, hast Frankreich den Rücken gekehrt und dein Leben mit Bravour gemeistert, als wolltest du uns eine lange Nase drehen. Heute bin ich derjenige, der Jenseits von Eden ist.

Ich schreibe dir aber nicht, um an alte Zeiten zu erinnern.

Die vergangenen Jahre haben mir schwer zugesetzt. Mit viel Mühe habe ich jemanden gefunden, der meine Praxis übernommen hat. Jetzt bist du endlich frei, wirst du sagen, jetzt kannst du nach Herzenslust malen! Doch leider ist mir meine Begeisterung abhandengekommen. Vor sieben Jahren hat Boris jegliche Verbindung zu uns abgebrochen, vielleicht hat Edward dir das ja erzählt. Er hat sich von der Medizin abgewandt, ist in die Schweiz gezogen und hat sich wie du ins Geschäftsleben gestürzt. Ich kann gar nicht beschreiben, was das in mir angerichtet hat. Auch Sophie und meine drei anderen Kinder, die Boris genauso lieben wie ich, leiden sehr unter dem Bruch.

Boris hat sich ungerecht behandelt und unverstanden gefühlt, wo ich mich doch immer für einen gerechten und verständnisvollen Vater gehalten habe. Aber was für ein seltsamer Anspruch, dass es in einer Familie gerecht zugehen muss! Vor diesem Gericht hält jeder sein stummes Plädoyer. Man bringt Argumente zugunsten des einen und zulasten des anderen vor. Jeder sieht den Zeiger der Gerechtigkeitswaage in eine andere Richtung ausschlagen. Sag mir, Jérôme, gibt es einen, der neutral und unparteiisch ist? Jeder glaubt an seine eigene Wahrheit.

Damit bin ich wieder bei dir und mir.

Ich habe Virginias Beerdigung in London noch genau vor Augen. Es war das erste Mal nach vielen Jahren, dass wir versucht haben, miteinander zu reden. Der Versuch ist gescheitert, wir haben uns am Ende angeschrien. Ich habe mir mein Verhalten danach ziemlich übel genommen. Du warst gerade Witwer geworden und standst plötzlich allein mit einem kleinen Jungen da. Ich habe Virginia sehr gemocht. Sie war immer nett zu mir. Sie wollte, dass wir wieder Kontakt zueinander aufnehmen. Ich habe dir damals geschrieben und mich entschuldigt, aber du hast nicht darauf reagiert.

Kann ich die Fehler der Vergangenheit korrigieren, das geschehene Unrecht wiedergutmachen?

Du hast dich erneut zurückgezogen. Wir haben uns nur noch bei Papas Beerdigung gesehen. Bloß zu Maman hast du phasenweise ein bisschen Kontakt gehalten. Sie hat Papa aber nicht lange überlebt, und so hat auch unsere nächste Begegnung bei einer Beerdigung stattgefunden. Das ist jetzt schon gut zehn Jahre her. Beide Male haben wir kurz etwas zusammen getrunken und uns dann recht kühl voneinander verabschiedet. Bei welcher Beerdigung treffen wir uns das nächste Mal? Bei deiner? Bei meiner? Oder bei der eines unserer Kinder? Das ist sicher die grauenhafteste Vorstellung.

Boris hat mit uns gebrochen, so wie du mit deiner Familie gebrochen hast. Vor Kurzem hat er uns aber einen Brief geschrieben, seitdem hoffen wir, ihn irgendwann wiederzusehen. Er hat sich scheiden lassen, er ist einsam und krank.

Ich habe mich entschlossen, dir zu schreiben, weil ich unseren Streit gern beenden will. Er nützt niemandem, er schadet uns allen nur. Lass uns versuchen, über das Ganze hinwegzukommen.

Mit diesem Brief möchte ich dir die Hand reichen. Schlag sie nicht aus, nimm sie an. Weißt du eigentlich, was in meinem Atelier an der Wand hängt? Ein Foto von uns beiden in der Schlucht des Tarns, darauf bist du siebzehn und ich vierzehn.

Sophie will über Weihnachten die ganze Familie nach Paris einladen. Wir hoffen, dass sich sämtliche Wandervögel nach ihren langen Reisen bei uns einfinden.

Sie wird dir noch Genaueres mitteilen. Bitte schreib mir und folge unserer Einladung.

Dein Bruder Lionel

Sophie an die ganze Familie

Paris, den 3. November

Lieber Jérôme, liebe Eva, lieber Edward, liebe Maisy, lieber Lawrence, lieber Terence, liebe Dorothy!

Liebe Marie-Luce, liebe Elsa, liebe Rachel, lieber Max, liebe Émilie!

Lieber Boris, lieber Mathias, lieber Léon!

Liebe Charlotte, lieber Ernest, liebe Sabine, liebe Zoé, lieber Sylvain!

Liebe Mireille, lieber Liu, lieber Boris junior!

Lieber Luc und liebe Rita!

Lionel und ich freuen uns, euch über Weihnachten zu uns einladen zu dürfen. Es ist Zeit, wieder einmal zusammenzukommen, wir haben uns lange nicht gesehen!

Die Einladung umfasst den Zeitraum vom 20. Dezember bis zum 5. Januar. Kommt, wann es euch passt. Die Auswärtigen können bei uns in der Rue Nicolas-Houël oder bei Charlotte, Mireille oder Luc untergebracht werden. Für Speis und Trank wird ausreichend gesorgt sein, wir planen gemeinsame Museums-, Konzert- und Theaterbesuche.

Bitte gebt uns vor allem Bescheid, ob ihr an Heiligabend kommt. Das wäre aus profanen, organisationstechnischen Gründen wichtig zu wissen. Aber bitte kommt! Halleluja!

Sophie

Man gave names to all the animals,
In the beginning, long time ago.

(Bob Dylan)

Boris an seinen Vater Lionel

Genf, den 4. November

Vater! Papa! Lionel!

Ich weiß nicht recht, wie ich dich ansprechen soll.

Eure Briefe, also deiner, der von Charlotte, die von Luc und die von Mutter, Maman oder Sophie bringen mich vollkommen durcheinander und bleiben nicht ohne Wirkung auf mich, was ich so gar nicht erwartet hätte. Der Effekt tritt etwas *verzögert* ein, wie bei einem Medikament, das seine Kraft erst allmählich entfaltet, aber ich merke, dass etwas mit mir geschieht. Manchmal kommt es mir vor wie eine geologische Verschiebung oder ein Erdbeben in Zeitlupe. Ich spüre, dass sich irgendwelche Knoten in mir lösen und andere sich bilden. Ganz merkwürdig.

Sind das biologische Vorgänge? Oder ist es einfach nur ein Chaos der Gefühle? Fest steht, dass mein Immunsystem wieder stärker geworden ist, die letzten Laboruntersuchungen zeigen es. Ich produziere wieder Antikörper.

Ich muss einmal die Woche ins Krankenhaus und habe jede Woche zwei Termine beim Therapeuten. Seine Praxis ist in Carouge, so heißt die Gemeinde. Er ist nicht mehr der Jüngste, ich glaube, er steht sogar schon kurz vor der Rente. Wir absolvieren jede zweite Sitzung im Gehen, wir spazieren also zusammen durch sein Viertel und reden dabei. Er braucht Bewegung. Walk & Talk, wie die Straßendirnen früher.

Er unterhält auch eine Korrespondenz mit Charlotte, was mich nicht weiter stört. Ich vertraue ihm – mal sehen, wie lange das anhält – und lasse ihm freie Hand. Er ist ziemlich geradeheraus und reitet auf den unangenehmen Themen nicht groß herum. Er scheint von der heilenden Kraft des Schreibens sehr überzeugt zu sein.

Wenn ich eure Briefe lese, sehe ich euch plötzlich in einem Licht, das mir bisher verborgen geblieben war oder das ich vollständig aus meinem Gedächtnis gelöscht hatte. Die Briefe klingen aufrichtig. Oder kommt es mir nur so vor, weil ich schwach und verletzlich bin? Vielleicht hängt es auch damit zusammen, dass sie handgeschrieben sind?

Das Handschriftliche scheint der Sache doch mehr Echtheit zu verleihen. Man drückt beim Schreiben die Wörter in einer Bewegung aus, so wie man sie beim Sprechen mit einem Gesichtsausdruck verbindet. Wenn man zur Feder oder zum Stift greift, legt man viel mehr von sich selbst in das Geschriebene hinein; man gibt mehr von sich preis, als wenn man auf einer Tastatur tippt. War es nicht Voltaire, der einmal gesagt, dass Schreiben das Malen der Stimme ist?

Ich fühle mich im Moment nicht imstande, auf andere Weise mit euch zu kommunizieren, also etwa per E-Mail oder am Telefon. Vielleicht ist das eine Art Aberglaube. Außerdem würde Yuri sicher das Gesicht verziehen – ich fange schon an, seine Reaktionen vorauszuahnen.

Ich bin immer noch verbittert und wütend, ich wollte, ich hätte mehr Abstand, um das Ganze vernünftig analysieren zu können. Yuri äußert sich auch nur widerwillig zu unserem Verhältnis. Ich glaube, er denkt, wir werden das alles besser ohne ihn regeln. Vielleicht hat er recht, vielleicht werde ich auch so irgendwann verstehen, was eigentlich mit meinem Leben und meinen Beziehungen los ist. Im Augenblick fällt es mir aber noch schwer, ich habe einen langen und steinigen Weg vor mir.

Die Situation mit Mathias lässt mir keine Ruhe.

Ich erkläre dir ein wenig die Hintergründe. Die Geschichte mit Ruth ist nach der Scheidung immer komplizierter geworden. Sie will sich an mir rächen, mich fertigmachen, und dazu benutzt sie meine Söhne. Sie hat behauptet, ich würde mich ihnen gegenüber unverantwortlich benehmen, der Umgang mit mir sei schädlich, und hat damit vorübergehend erreicht, dass ich keinen Kontakt zu meinen Kindern haben durfte. Ihr eigenes Verhalten hat sie noch keine Sekunde infrage gestellt. Sie gibt mir die Schuld an allem.

Ich habe meine Jungs also monatelang nicht gesehen. Schließlich hat sich das Gericht doch noch besonnen. Es ist Ruth auf die Schliche gekommen, es hat sie gerügt, ich habe jetzt wieder ein Besuchsrecht. Es hat sie gerügt! Auf den elektrischen Stuhl gehört sie, diese Medea!

Mathias und Léon haben allerdings überhaupt keine Lust, mich zu treffen. Mathias kann man zu nichts zwingen, er ist mittlerweile volljährig. Léon dagegen ist fünfzehn, bei ihm könnte ich auf meinem Besuchsrecht bestehen, aber ich möchte ihn nicht unter Druck setzen. Letzte Woche ist er mir »rein zufällig«, wie er meinte, bei mir in der Straße über den Weg gelaufen. Er sei bloß mit Sokrates spazieren gegangen. Wir haben uns ein bisschen unterhalten, schon wollte er gern mit zu mir.

Er hat zufrieden festgestellt, dass in seinem Zimmer alles beim Alten geblieben ist, und war erfreut darüber, dass ich noch Trockenfutterreserven für Sokrates zu Hause hatte. Er ist jetzt bereit, sich mit mir zu verabreden, möchte diese Verabredungen aber vor seiner Mutter geheim halten. »Ich kriege sonst Probleme«, hat er gesagt. »Ich muss mich irgendwie an ihr *vorbeimogeln*.« Er war auch einverstanden damit, seinem Bruder unter der Hand einen Brief von mir zu übergeben. Bisher hat Mathias mir noch nicht geantwortet.

Ich bin wirklich in großer Sorge um ihn. Er stellt jede Menge Dummheiten an und wird noch Schwierigkeiten bekommen, wenn er so weitermacht. Er treibt es immer wilder, seitdem er sein Abi nicht bestanden hat. Mit seinen alten Freunden unternimmt er gar nichts mehr, er geht nicht mehr nach Hause und sprüht nachts mit ein paar Kumpels die Wände voll. Das hat mir Léon erzählt.

Seit ein paar Tagen ist er nun komplett von der Bildfläche verschwunden. Es ist nicht das erste Mal, dass er ausbüxt. Aber er ist krank und muss medizinisch versorgt werden. Wie soll man ihm denn helfen, wenn er sich nicht einmal bei seinem Arzt meldet? Ich weiß nicht, ob er sein Kortison nimmt. Wahrscheinlich schlägt er sich die Nächte um die Ohren, sprüht Graffiti, säuft und nimmt Drogen.

Er hat mit dem Blödsinn angefangen, als der Gerichtsprozess lief. Eigentlich wollte er Kunst studieren, er liebt die Malerei so wie du. Aber anscheinend hat er mit dem Malen aufgehört und liest auch keine Essays mehr von Francis Bacon, seinem großen Vorbild. Seine Freundin ist kein gefestigter Charakter, sie hat einen schlechten Einfluss auf ihn. Sie macht den ganzen Schwachsinn einfach mit. Zweimal ist er bisher beim Sprühen von der Polizei erwischt worden und hat die Nacht auf dem Revier verbracht. Ruth scheint das alles herzlich egal zu sein. Immerhin hat der Quatsch, den er macht, noch keine juristischen Folgen gehabt.

Ich habe wirklich Angst um ihn. Mathias ist im Grunde ein melancholischer Typ. Er hat den Boden unter den Füßen verloren, er will fliehen vor der Welt, seitdem er im Abi durchgefallen ist, er ist wütend. Dabei ist die Sache doch gar nicht so schlimm, verdammt! Er kann die Prüfungen in ein paar Monaten wiederholen.

Ich weiß nicht mehr, was ich machen soll.

Ich habe den Eindruck, er glaubt mir kein Wort, wenn ich etwas zu ihm sage. Seitdem seine Mutter mich durch den Dreck zieht und ihm diese Gehirnwäsche verpasst hat, habe ich keinerlei Ansehen mehr in seinen Augen. Aber wer, wenn nicht ich, soll ihn denn ermutigen und zurück in die Spur bringen? Ich komme aber nicht an ihn heran. Ruth passt auf, dass ich nicht an ihn herankomme.

Viele Grüße
Dein böser Sohn

Ernest an seine Frau Charlotte

Paris, den 6. November

Liebe Charlotte,

nun greife auch ich einmal zur Feder. Wenn ich sehe, was gerade in deiner Familie geschieht, denke ich mir, das Schreiben ist anscheinend eine gute Methode, um das Schweigen zu brechen. Wir reden seit einiger Zeit gar nicht mehr miteinander, wir lachen nicht mehr zusammen. Du kommst müde von deiner Arbeit nach Hause, schreist uns an, sitzt oft gedankenversunken da. Ich spüre, dass du dich immer weiter von mir entfernst. Habe ich dich irgendwann zurückgewiesen, ohne dass es mir bewusst ist? Wo ist die Charlotte von früher?

In den Fragen der Kindererziehung sind wir uns im Prinzip einig. Das heißt, bei Sabine sind wir nicht immer einer Meinung, aber ich finde, das macht nichts. Grundsätzlich vertraue ich ihr und du auch. Vielleicht weist du sie ein wenig häufig zurecht? Sie ist jetzt in dem Alter, in dem einem manchmal die Pferde durchgehen, oder? Du hast deine eigene Jugend immer als verlorene Zeit bezeichnet. Du hattest keine rebellische Phase, bist nie aus der Reihe getanzt, warst immer vernünftig und brav. Sabine ist dir ziemlich ähnlich, aber sie ist etwas stürmischer, und das ist gut so. Lass ihr ein bisschen Freiraum.

Aber ich wollte eigentlich nicht über Erziehungsfragen reden, sondern über uns, über unsere Beziehung. Was ist nur los? Ich weiß nicht mehr, wie ich mich dir gegenüber verhalten soll. Beansprucht dich die Sache mit Boris und deiner Familie so sehr, dass du mich darüber vergisst? Ich bin doch dein erster Verbündeter. Was ist mit unserer Sexualität? Frisst uns der Alltag auf? Was ist aus den Verrücktheiten geworden, die wir uns früher geleistet haben und die ich immer so genossen habe?

Heute Morgen habe ich dich im Schlaf angesehen. Du hattest so einen schmollenden, unschuldigen Gesichtsausdruck, ich bin richtig dahingeschmolzen. Ich habe einen Blick unter die Decke riskiert und deinen sinnlichen Körper betrachtet. Ich wollte dich küssen, dich mit meinen Liebkosungen wecken, mich auf dich stürzen, aber ich habe mich zurückgehalten. Sie braucht Erholung, dachte ich mir. Siehst du, wie bescheiden und »vernünftig« ich geworden bin?

Aber was soll aus uns werden, liebe Charlotte, wenn wir auf diese köstlichen Freuden verzichten? Ein trauriges, mürrisches altes Ehepaar.

Ist das der berühmte Zahn der Zeit, auf den man sich gern beruft, wenn man einander überdrüssig geworden ist oder einen Seitensprung rechtfertigen möchte? Werden wir uns irgendwann trennen wie so viele andere Paare? Werden wir unsere Liebe wegwerfen, einander für austauschbar halten? Oder damit prahlen, dass wir jetzt eine offene Beziehung führen?

Meine Liebe, wir müssen aufpassen. Vielleicht brauchen wir ein wenig frischen Wind in unserer Beziehung, vielleicht sollten wir irgendwas verändern.

Was hältst du davon, wenn wir nächstes Wochenende in dieses Hotel auf der Île Saint-Louis gehen, ohne Kinder, nur du und ich? Den ewigen Hähnchentopf bei deinen Eltern lassen wir mal sausen. Ich erinnere mich noch an den Mantel, den du getragen hast, als wir dort einmal übernachtet haben. Und drunter warst du splitternackt.

Ich liebe dich!
Ernest

Edward an seine Schwester Maisy

London, den 8. November

Meine kleine Schwester,

viele Grüße aus London, dieser verworrenen Stadt. Das University College hat mich zu einer Podiumsdiskussion über die ekstatischen Gedichte des wunderbaren Dylan Thomas eingeladen. Der Dichterfreund, bei dem ich untergebracht bin, hat den großen Nâzim Hikmet übersetzt. Er heißt Ismet und wohnt in Clerkenwell, einem recht charmanten Viertel, in dem es noch Bars gibt, die die ganze Nacht geöffnet haben.

Wie ich dir neulich schon am Telefon berichtet habe, verkehren unsere europäischen Verwandten in letzter Zeit brieflich miteinander. Man schreibt mit der Hand und auf Französisch. Als ich im Flugzeug saß, dachte ich mir: Aus London werde ich auch mal meiner kleinen Maisy schreiben. In einem Schreibwarengeschäft in der Margery Street habe ich mir eine schöne, grün-gelb gestreifte Feder gekauft, und jetzt sitze ich da und schreibe, während im Nebenzimmer Ismet ziemlich laut schnarcht.

Papa hat dir erzählt, dass ich ihm auch einen Brief geschrieben habe, weil ich ihn ermuntern wollte, wieder Kontakt zu Onkel Lionel aufzunehmen. Und du hast meine Anregung begrüßt und ebenfalls versucht, auf ihn einzuwirken. Auf dich hört er ja eher als auf mich. Aber im Grunde wissen wir, dass er unsere Ratschläge kaum befolgen wird. Wir kennen ihn genau. Er ist wie eine verschlossene Auster. Weckt es überhaupt irgendwelche Gefühle in ihm, wenn er von Onkel Lionel oder Tante Sophie einen Brief bekommt? Oder kann er seine Gefühle nur nicht zeigen?

Du hast mir am Telefon auch verraten, dass du deine Mutter in New York angerufen hast und mit ihr über das Thema sprechen wolltest. Wirklich traurig, dass sie sich an Lionel und Co anscheinend gar nicht mehr so recht erinnern kann. Aber du hast auch durchblicken lassen, dass sie wohl schon einige Ginfizz intus hatte. Meine Mutter hat sich da mehr für die Familie ihres Mannes interessiert, als sie noch gelebt hat, aber das weißt du ja.

In der Hinsicht hast du eher etwas von meiner Mutter als von deiner. Du lässt dir kein Familienfest entgehen, kommst auch an Weihnachten nach Paris. Schade, dass Lawrence und Terence nicht dabei sein können, weil sie ihren Schwiegereltern bei Renovierungsarbeiten an deren Haus in den Adirondack Mountains helfen müssen. Dort, am Lake Champlain, wo das Haus steht, habe ich vor einigen Jahren den Schwebeflug eines prächtigen Fischadlers beobachtet. Er hat sich einen Wels geschnappt und ist dann mit der fetten Beute in seinen Fängen davongeflogen.

Zum Glück kommt Dorothy mit, ich freue mich schon, sie wiederzusehen. Ich finde, sie ähnelt dir immer mehr. Sie mag Flannery O'Connor, wie du. Vor Kurzem musste ich daran denken, wie du von ihrer Korrespondenz geschwärmt hast, *The Habit of Being*. Der Stil der Briefe ist ganz anders als der ihrer literarischen Arbeiten, die mir allerdings auch gefallen – meine Lieblingskurzgeschichte von ihr ist »Ein guter Mensch ist schwer zu finden«. In meinen Augen ist sie die große Meisterin der Südstaatenliteratur. Sie ist besser als Erskine Caldwell, Tennessee Williams oder Carson McCullers. Im Gedächtnis geblieben ist mir dieser manchmal tröstliche Gedanke von ihr: »Ich schreibe, was ich kann, und akzeptiere, was ich schreibe; nachdem ich alles gegeben habe, was ich kann.«

Sie und ihre Mutter haben sich immer sehr nahegestanden. Beneidenswert, wirst du sagen. Anders als du und deine Mutter. Eva ist ja nur selten für dich und deine Kinder da. Aber man muss sie auch verstehen, sie hat es nicht leicht an der Seite unseres Vaters. Dafür hast du Larry, deine Kinder und mich. Wir haben ein gutes, solides Verhältnis, oder?

Es ist kalt in London, und die Luft ist feucht. Der Smog klebt einem förmlich an den Wangen. Vor ein paar Tagen habe ich in der Myddelton Street zwei fette Ratten gesehen. Sie haben mich an diesen Roman von James Herbert erinnert, in dem sämtliche Figuren von bösen Ratten umgebracht werden. Muss man sich da jetzt auf eine Invasion vorbereiten?

In L. A. ist es bestimmt schön, wahrscheinlich nicht mehr ganz so warm. Ich musste lachen neulich, als du mir erzähltest, dass du geglaubt hast, in deinem Garten einen Fuchs gesehen zu haben. Dass dein Nachbar Tony, dieser nette Jazzpianist, der Luc einmal Unterricht gegeben hat, dich aber aufgeklärt hat: Das seien Kojoten, die in der Stadt herumschleichen und vor Angelino Heights nicht haltmachen würden, man sehe sie auch in Echo Park. Er behalte die Tiere genau im Auge, schließlich wolle er nicht, dass seine beiden Katzen von ihnen gefressen werden.

Tony ist wirklich ein unglaublicher Typ. Ich freue mich, ihn zu sehen, wenn ich dich bald besuchen komme. Er hat sich beim letzten Mal viel Mühe gegeben, mir ein bisschen Yoga beizubringen, damit mir klar wird, dass sich meine Chakren nicht nur durch Whiskytrinken öffnen. Bitte grüß ihn ganz herzlich von mir.

Sag mir Bescheid, sobald du weißt, wann du in Paris ankommst. Bestimmt werde ich ein wenig vor dir da sein. Und mach dir keine Sorgen wegen dieses Treffens, du magst doch Familienfeiern.

Wenn du Sophie schreibst und ihr zusagst, kannst du ja einen alten Reggae-Hit zitieren: *Let's get together and feel all right.*

Alles Liebe
Dein Bruder Edward

Sophie an ihre Schwester Elsa

Paris, den 11. November

Schwesterchen, liebes Schwesterchen,

was für ein Schock, die Geschichte von Mamans heimlicher Affäre! Ich schlafe sehr schlecht, seitdem wir gemeinsam diese sechs Briefe gelesen haben. Unsere Maman, die immer so ein Vorbild an Redlichkeit war – ich kann es kaum fassen. Dir geht es nicht anders. Proust hat irgendwo geschrieben – ich weiß nicht mehr wo –, dass ein Ereignis im Leben genügt, und schon stellt man fest, dass man die ganze Zeit ein vollkommen falsches Bild von einem Menschen gehabt hat.

Ich frage mich, was Marie-Luce sagen würde, wenn wir ihr davon erzählen würden. Würde sie für Maman beten? Oder aus dem Kloster austreten?

Fassen wir noch einmal zusammen: Maman hat mit achtzehn geheiratet. Neun Monate später bin ich auf die Welt gekommen und weitere zwei Jahre später Marie-Luce. 1953, in dem Jahr, in dem Marie-Luce geboren wurde, hatte sie ein Abenteuer mit Wladimir, das sie jedoch schnell wieder beendet hat, woraufhin Wladimir ihr den ersten Brief geschrieben hat. Und im Jahr darauf bist du auf die Welt gekommen. Erst acht Jahre später haben sich Noémie und Wladimir heimlich in Paris wiedergetroffen, wie aus den fünf anderen Briefen aus dem Jahr 1961 hervorgeht.

Nachdem wir das rekonstruiert hatten, haben wir einander angeschaut, eine blasser als die andere. Ist dieser Wladimir dein leiblicher Vater? Dein russischer Vorname und meine Schwäche für russische Literatur erscheinen plötzlich in einem völlig anderen Licht. Und Boris ist ja auch ein russischer Name! Es ist, als hätte uns Noémie unter der Hand etwas von ihrer heimlichen Liebe weitergegeben. Sie hat auch meine Begeisterung für Tschechow geweckt. Wie kommt dieser gemeinsame Geschmack zustande?

Das Ganze beschäftigt mich sehr, ich habe immer gedacht, ich komme nach meiner Mutter. Ich habe Lionel nie betrogen. Abgründe tun sich auf. Warum haben wir nie etwas geahnt, wie kann man seine eigene Mutter derart verkennen?

Da fällt mir ein, wie der Philosoph Martin Buber, der seine Mutter in seinem Leben nur ein einziges Mal gesehen hat, diese Begegnung in seinen autobiografischen Fragmenten beschrieb. Er war vierzehn, als das Treffen stattfand, bei dem sich beide fürchterlich unwohl und gehemmt fühlten. Sie gingen auseinander, ohne irgendeine Gefühlsregung gezeigt zu haben. Um diese gescheiterte Zusammenkunft zu bezeichnen, prägte er den Begriff der »Vergegnung«.

Auch dich, Schwesterchen, bringt diese Sache aus der Fassung, das habe ich gemerkt. Dabei haben wir doch weiß Gott genug Geschichten von ähnlichem Kaliber gelesen, *Gefährliche Liebschaften*, *Madame Bovary*, *Die Dame mit dem Hündchen*, *Rot und Schwarz* und viele andere. Unsere Vorstellungswelt ist mit solchen Szenarien vertraut. Aber wenn sie tatsächlich eintreten, sind wir fast wie vom Blitz getroffen. Wir haben diesen Fall schlicht nicht in Betracht gezogen. Wir haben den Gedanken beiseitegeschoben.

Weißt du, mir gibt das ganz schön zu denken. Ich frage mich zum Beispiel, inwiefern mich mein familiärer Hintergrund in der Entscheidung beeinflusst hat, selbst eine Familie zu gründen. Habe ich unwissentlich etwas von Mutters Falschheit in meine Familie eingebracht? Mireille hat mir in ihrem Brief vorgeworfen, das Verhältnis zu meinem Mann und meinen Kindern sei nichts als bloßer

Schein gewesen, es sei mir nur darum gegangen, das Bild der Arztfamilie aufrechtzuerhalten. Diese Kritik lässt mir keine Ruhe.

Wenn dieser Wladimir wirklich dein leiblicher Vater ist, musst du dir jetzt tausend Fragen stellen. Wie weit bist du mit deinen Überlegungen schon gekommen? Sollen wir der Sache nachgehen? Aber vielleicht fantasieren wir uns da etwas zusammen? Wir sehen beide unserem Vater ähnlich, dieses eckige Kinn haben wir von ihm geerbt, dem tapferen Charles, dem Drogisten aus Issy-les-Moulineaux. Ist dir übrigens schon mal aufgefallen: Charles war Drogist, du hast einen Chemiker geheiratet und ich einen Arzt. Das ist, als hätten wir beide unserer Herkunft Respekt zollen, dabei aber doch in der gesellschaftlichen Hierarchie aufsteigen wollen.

Meine liebe Elsa, was machen wir nun mit diesem Geheimnis? Behalten wir das Ganze für uns? Lassen wir die Vergangenheit ruhen? Wollen wir die Geschichte mit jemandem teilen, erzählen wir sie der Familie? Wenn wir schweigen, wird das vielleicht die Beziehungen zu unseren Kindern und Kindeskindern belasten. Werden wir diese Beziehungen nun mit anderen Augen sehen? Welche Bedeutung haben solche Ereignisse, die vor so langer Zeit stattgefunden haben, für die Gegenwart?

Zu allem Überfluss kommt diese Angelegenheit in einem Moment ans Licht, in dem ich ganz andere Probleme habe. Noch ein Wort zu meiner Einladung, die du ja auch erhalten hast. Ich frage mich, ob es überhaupt einen Sinn hat, wenn wir alle zusammen Weihnachten feiern. Werden alle dieser Einladung folgen? Langsam fange ich an, so ziemlich an allem zu zweifeln.

Boris hat Lionel jetzt noch einmal einen Brief geschrieben. Sein Ton ist sanfter geworden. Er macht sich große Sorgen um Mathias, der im Juni sein Abitur nicht bestanden hat und gerade etwas auf die schiefe Bahn gerät. Die Nachricht hat Lionel tief erschüttert. Er mag Mathias. Die beiden haben sich immer ausgezeichnet verstanden, als Boris und seine Familie noch in Paris gewohnt haben.

Lionel hat in seinem Enkelsohn die Leidenschaft für die Malerei entfacht. Und nun ist dieser Enkelsohn anscheinend auch noch von zu Hause ausgebrochen.

Ich bin ebenfalls sehr beunruhigt. Ich sehe Mathias noch vor mir, wie er mit zehn oder elf – er hatte damals viel zu lange Haare und immer so einen finsteren, spöttischen Blick – die Bäume und Laternenpfähle hochgeklettert ist, flink wie ein Äffchen. Seine Hosen waren ständig zerrissen. Er hat oft mit Lionels Farben unsere Zeitungen und Zeitschriften vollgeschmiert. Er konnte auch gut zeichnen.

Ich möchte, dass das alles schnell wieder in Ordnung kommt.

Ich möchte nicht, dass Mathias und Boris uns entgleiten.

Ich möchte tröstende Worte für Boris finden, und ich möchte, dass Boris für seinen Sohn ebenso tröstende Worte findet.

Ich möchte, dass Lionel und sein Bruder wieder Verbindung zueinander aufnehmen und wir wieder Kontakt zum amerikanischen Teil der Familie aufbauen.

Ich möchte nicht, dass Mireille von mir enttäuscht ist.

Ich möchte, dass alle an Weihnachten kommen.

Sind das vielleicht naive oder lächerliche Wünsche und Hoffnungen? Schlägt wieder einmal meine romantische Ader durch?

Elsa, Schwesterchen, es tut so gut, sich dir anvertrauen zu können, ohne sich seiner Gefühle schämen zu müssen. Du kennst mich genau. Unsere Korrespondenz erinnert mich an Puschkins leider unvollendet gebliebenen Briefroman.

Schön, dass es dich gibt.
Sophie

Charlotte an Yuri

Paris, den 12. November

Lieber Kollege,

der Briefverkehr in meiner Familie hat in letzter Zeit ganz schön zugenommen. Boris korrespondiert mit seinem Vater, meine Tochter Sabine mit ihrem Cousin Léon, meine Schwester Mireille schaltet sich ein, meine Mutter wendet sich an sämtliche Familienmitglieder und führt zudem einen privaten Briefwechsel mit ihrer Schwester Elsa. Boris hat die ganze Sache ins Rollen gebracht.

Es tauchen neue Probleme auf. Mathias ist offenbar in Gefahr – das hält nun alle in Atem. Er spielt wohl mit Selbstmordgedanken, wie sein Vater. Sie wissen sicher, dass er nicht mehr ganz er selbst ist, seitdem er im Abitur durchgefallen ist. Und jetzt ist er von zu Hause abgehauen.

Mit seiner Mutter ist keine Zusammenarbeit möglich. Sie steht Boris und uns feindlich gegenüber. Sollte sie etwas über Mathias' Verbleib erfahren, wird sie uns garantiert nicht in Kenntnis setzen. Vielleicht freut sie sich sogar, wenn sie hört, dass wir uns um Mathias sorgen. Der Arzt, der ihn wegen seiner Autoimmunerkrankung behandelt, sagt nur, er unterstehe der ärztlichen Schweigepflicht. Muss die Polizei eingreifen? Wie kommen wir an Mathias heran? Haben Sie vielleicht eine Idee? Können Sie ihn in Ihre Praxis bestellen? Aber wahrscheinlich würde er Ihrer Aufforderung nicht folgen, Sie sind schließlich der Therapeut seines Vaters. Ach, wie kompliziert das alles ist!

Ich nehme an, Sie haben über das Thema auch schon mit meinem Bruder gesprochen.

Meine Schwester Mireille hält mir vor, dass ich mir im Kopf eine »Collage« meiner Familie bastle. Sie meint, dass ich mir die Schwierigkeiten mit Boris so erkläre, wie es mir eben passt. Ich muss gestehen, ihre Sicht der Dinge lässt mir keine Ruhe mehr. Sie kritisiert auch, dass das Bild, das ich mir von meiner Familie mache, nicht allzu poetisch sei und von keiner besonders edelmütigen Haltung zeuge, anders als die Collagen, die eine Freundin von ihr anfertigt.

Können Sie mir helfen, eine Collage zu entwerfen, die meine Familie korrekt abbildet?

Kürzlich bin ich auf einen Artikel über Sie gestoßen und habe gelesen, dass Sie auf Familientherapie spezialisiert sind. In dem Artikel stand, dass Sie normalerweise sämtliche Familienmitglieder unter dem »Palaverbaum« zusammenbringen – der Palaverbaum ist in vielen afrikanischen Dorfgemeinschaften der Ort, an dem Konflikte ausgetragen und bereinigt werden. Sie konfrontieren die Leute miteinander, bewegen sie dazu, sich mit den anderen auseinanderzusetzen, und beobachten die Interaktionen zwischen den Familienmitgliedern. Machen Sie das auch bei uns? Aber Sie haben uns gar nicht alle in Ihrer Praxis versammelt. Soviel ich weiß, pflegen Sie nur zu Boris und mir Kontakt. Auf die anderen können Sie keinen Einfluss nehmen. Ich frage mich ein wenig, wie Sie arbeiten. Haben Sie sich eigentlich bewusst für diese Brieftherapie entschieden?

Entschuldigen Sie, wenn ich Ihnen all diese Fragen stelle. Aber Sie haben mit Ihrem Rat, dass wir uns Briefe schreiben sollen, ein ziemliches Erdbeben in meiner Familie ausgelöst. Sie sind für mich eine Koryphäe Ihres Fachs, der Chormeister eines antiken griechischen Theaterstücks. Ich bin Ihnen sehr dankbar, auch wenn mir das Ganze etwas unheimlich ist und ich schlecht schlafe. Aber ich schlafe chronisch schlecht.

Ich habe das Gefühl, in einem schmerzvollen, aber wichtigen Prozess zu stecken. Meine kleine Schwester hat darauf hingewiesen, dass die Chinesen in jeder Krise auch eine Chance sehen. Für mich vielleicht die Chance, Dinge einfach geschehen zu lassen, ohne einzuschreiten.

Dazu fallen mir diese Verse von Hölderlin ein: »Wo aber Gefahr ist, wächst / Das Rettende auch.«

In Dankbarkeit
Charlotte

Genf, den 18. November

Liebe Charlotte,

die allgemeine Sorge um Mathias ist nur allzu verständlich. Sie ruft die gesamte Familie auf den Plan, was mich ungeheuer beeindruckt. Er gehört in der Tat einer Risikogruppe an, und ich habe ebenfalls das Gefühl, dass die Situation außerordentlich ernst zu nehmen ist.

Was tun? Ich wäre bereit, ihn zu behandeln, wenn er mich denn darum bitten würde und sein Vater damit einverstanden wäre. Allerdings müsste ich dann auch Ruth zu mir bestellen, die mein Ersuchen jedoch bestimmt ablehnen würde.

Es wäre sicher eine gute Idee, wenn Ihre Eltern nach Genf kommen würden, um zu helfen. Es wäre eine »Chance«, wie Sie es ausdrücken. Eine Chance, sich sowohl ihrem Sohn als auch ihrem Enkelsohn anzunähern. Wenn das Verhältnis zu Boris problematisch ist, wenn Ihre Eltern in der Vergangenheit Fehler begangen haben, ist nun die Gelegenheit, den Sohn wieder in den Sattel zu heben. Es wäre eine Art »Wiedergutmachung«, der Versuch, über den Graben zu springen, der die Generationen trennt. Aber das ist nur so eine Hypothese von mir. Leichter gesagt als getan, Sie wissen so gut wie ich, wie breit der Graben ist.

Ich finde den Entschluss Ihrer Mutter mutig und großherzig: die ganze Familie über Weihnachten nach Paris einzuladen. Kommen denn alle? Ich möchte keinen Pessimismus verbreiten, aber ich zweifle ein wenig daran, dass die Geschichte nun unaufhaltsam auf ihr Happy End zuläuft. Doch kann man es wissen?

Das Engagement seines Vaters lässt Boris übrigens keineswegs kalt. Er redet mit mir darüber, hinterfragt sich selbst und kehrt ein bisschen vor der eigenen Tür, wie eigentlich alle in Ihrer Familie. Ich stelle fest, dass niemand sich aus dem Staub macht, sich in sich selbst zurückzieht, sein eigenes Süppchen kocht und verkündet, die Familienbeziehungen seien eben verdientermaßen gescheitert, sondern dass jeder und jede sich bemüht, sich in die anderen hineinzuversetzen, die Dinge noch einmal neu zu betrachten und das gemeinsame Schicksal in die Hand zu nehmen. Ich begrüße diese Haltung. Der Reflex, sich gegenseitig zu helfen, ist da, die verborgenen Ressourcen müssen nur noch erschlossen werden. Das beweist doch, dass eine Familie keine Falle ist, wie von manchen schlecht rasierten, aber dennoch fernsehtauglichen Soziologen und einer hysterischen Presse heutzutage gerne behauptet wird, sondern über geradezu unerschöpfliche Reserven verfügt.

Um auf Ihre Fragen einzugehen: Ja, meine Aufmerksamkeit gilt vor allem dem, was *zwischen* den Familienmitgliedern passiert, und nicht so sehr dem, was *in jedem Einzelnen* vor sich geht. Mich interessiert der intersubjektive Prozess mehr als das subjektive Empfinden, ich beschäftige mich mit den »Synapsen« zwischen den Menschen. Aber ich bin überzeugt, dass das, was gerade in Ihrer Familie geschieht, nicht an meinen besonderen Fähigkeiten, sondern an denen Ihrer Angehörigen liegt, die versuchen, neue Wege des Umgangs miteinander zu finden. Das kann ich mit Sicherheit sagen, auch wenn ich nur mit Boris und Ihnen in Verbindung stehe.

Was Sie persönlich und die Überarbeitung Ihrer »Collage« betrifft, wäre es vielleicht das Beste, die eigene Collage einmal mit denen der anderen zu vergleichen, den Collagen Ihrer Geschwister, Eltern und Kinder. Die Sache erinnert mich an eine alte indische Legende, in der etliche Blinde einen Elefanten befühlen und anschließend bestimmen sollen, was sie nun berührt haben. Der erste betastet den Rüssel und hält den Elefanten für eine Schlange, der zweite bekommt den Schwanz zu fassen und meint, es handle sich um ein dünnes Seil mit Quaste, der dritte … ich weiß es nicht mehr. Jeder geht von dem aus, was er angerührt hat, keiner errät, dass es ein Elefant war.

Wenn ich Boris in meiner Sprechstunde empfange, habe ich stets seine ganze Familie vor Augen. Da herrscht in meiner kleinen Praxis dann ein ziemliches Gedränge. Das Gleiche gilt, wenn ich Ihnen einen Brief schreibe: Ich gebe mir Mühe, dabei auch die Belange der anderen zu berücksichtigen.

Warum überlegen Sie nicht zusammen mit Mireille und Luc, wie Sie sich in der gegenwärtigen Lage am besten einbringen können, wie Sie alle Ihrem Bruder und seinem Kind helfen können? Gemeinsam sind Sie stark.

Wie Sie wissen, habe ich zu Beginn unserer Korrespondenz mit Boris vereinbart, dass er unseren Briefwechsel einsehen darf. Ich habe ihm das noch nicht angeboten, werde es aber wohl bald tun. Ansonsten beruht das gute Verhältnis zwischen ihm und mir nicht auf der vollkommenen Transparenz meiner Arbeit, sondern auf dem Vertrauen, das er in mich setzt. Er weiß im Grunde nicht, was ich denke und was ich eigentlich mache. Ich hoffe, ich drücke mich verständlich aus.

Sehr herzlich
Ihr Chormeister Yuri

Sophie und Lionel an ihre Kinder

Paris, den 22. November

Liebe Kinder,

neulich hat mich Charlotte gefragt, was meine Kinder Lionel und
mir denn überhaupt gegeben haben. Die Frage hat mich zugege-
benermaßen kalt erwischt. Ich bin daraufhin mit Lionel erst mal
im »Éléphant bleu« eingekehrt, diesem asiatischen Restaurant, das
mittlerweile unser Stammlokal geworden ist. Wir haben gemeinsam über die Frage nachgedacht und beschlossen, sie in Form eines Briefs an euch alle zu beantworten. Eine sehr anregende und,
wie wir hoffen, lohnende Herausforderung.

Ihr habt uns vor allem zu Eltern gemacht.

Mit Boris haben wir diese Erfahrung zum ersten Mal erlebt. Indem sie sich dann dreimal wiederholt hat, hat sie unsere Rolle ge-
festigt. Später sind wir Großeltern geworden, was uns mit einer
weiteren geologischen Schicht überzogen und unser Glück erst
vollkommen gemacht hat.

Kinder zu bekommen ist bei Säugetieren etwas ganz Natürliches
und Alltägliches. Ein banales und zugleich außergewöhnliches Ereignis. Wir mussten für diese winzigen Geschöpfe auf einmal Verantwortung übernehmen, sie ernähren, umsorgen, beschützen und
erziehen. Diese Aufgaben stellen eine Ehre dar und werden von
allen Gesellschaften dieser Welt wertgeschätzt. Ihr habt uns eine
Lebensqualität gegeben, von der wir vorher gar nicht wussten, dass
sie existiert, und dafür sind wir euch unheimlich dankbar. Hätten

wir euch nicht gehabt, hätte unsere Ehe vielleicht gar nicht so lange gehalten.

Natürlich, seien wir ehrlich, hatte das Ganze auch seine Schattenseiten. All die Ängste, die wir im Laufe der Jahre ausgestanden, all die Sorgen, die wir uns gemacht haben, all die Opfer, die wir erbracht haben, weil ihr immer vorgegangen seid. Aber das gehört eben dazu. Die Vorteile haben bei Weitem überwogen. Ihr habt unser Leben bereichert! Und man lernt nie aus mit euch!

Was wir euch zu verstehen geben wollen, fasst Kafka in seinem *Brief an den Vater* eigentlich sehr schön zusammen: »Heiraten, eine Familie gründen, alle Kinder, welche kommen, hinnehmen, in dieser unsicheren Welt erhalten und gar noch ein wenig führen, ist meiner Überzeugung nach das Äußerste, das einem Menschen überhaupt gelingen kann.«

Doch das sind lauter allgemeine Aspekte. Nun zu dem, was ihr uns im Speziellen gegeben habt.

Boris war unser erstes Kind. Er sollte verschiedene Aufgaben im Haushalt übernehmen, aber er war ein ziemlicher Rebell. Er hat sich überhaupt nichts sagen lassen, alles musste nach seinem Willen gehen. Ständig hat er sich beschwert, dass seine jüngeren Geschwister bevorzugt würden und er ungerecht behandelt wird. Trotzdem war er in der Schule und später an der Uni immer äußerst gewissenhaft. Die Anerkennung, die er überall genossen hat, hat auch auf Lionel und mich ausgestrahlt, als ernteten wir den Lohn dafür, ihn in die Welt gesetzt und seine Talente gefördert zu haben. Dabei hat er nie Hilfe nötig gehabt, er besitzt einfach eine leichte und schnelle Auffassungsgabe.

Er war uns gegenüber immer sehr aufmerksam, hat uns nicht nur als Eltern, sondern auch als Menschen betrachtet. Wir sind ihm dankbar dafür. Während seines Studiums hat er interessiert Lionels Arbeit mitverfolgt, die Medizin war ja nun auch sein Fachgebiet. Er begeisterte sich für die Malerei und schwärmte für dieselben

Maler wie sein Vater, mit dem ihn eine wunderbare Freundschaft verband.

Auch zu mir hatte er eine enge Beziehung. Er hat all die Bücher der Schriftsteller, die ich bewundere, verschlungen, mir jeden Tag meinen Wert als Mutter bestätigt und das Gefühl gegeben, dass ich eine interessante und gebildete Frau bin. Er war mein *Kobold*, ihm saß der Schalk im Nacken, er hat mich oft in Bedrängnis gebracht, hat zu Hause für allerhand Streit und Diskussionen, aber auch für jede Menge Stimmung und Gelächter gesorgt. Es ist wirklich nie langweilig geworden mit ihm.

Charlottes Geburt hat uns nicht weniger glücklich gemacht. Sie war ein ruhiges, vernünftiges und besonnenes Kind, zartfühlend und zuvorkommend jedem gegenüber, und hat alle Erwartungen übertroffen. Wenn ich krank war, hat sie die Zwillinge gebadet und das Abendessen gemacht. Sie hat sich stets allein zurechtgefunden, war eine gute Schülerin, eine fleißige Studentin und ist heute eine sehr angesehene Ärztin, spezialisiert auf die Leiden misshandelter Kinder. Es war für Lionel ein Trost, dass sie bei der Medizin geblieben ist, nachdem Boris den Arztberuf an den Nagel gehängt hatte.

Für mich ist sie eine Vertraute mit großem Herzen und hohem moralischen Bewusstsein. Sie versteht mich, sie errät meine innersten Empfindungen. Wenn ich in ihre beruhigend und zuversichtlich blickenden Augen schaue, fühle ich mich geborgen wie ein Kind. Ja, in gewisser Weise ist Charlotte wie eine Mutter zu mir, sie nimmt sich selbst zurück und schenkt mir Anerkennung. Sie ist eben die geborene Ärztin.

In den Genuss ihrer Sensibilität und Achtsamkeit kommen vor allem ihr Mann und ihre drei Kinder. Sie hat bei all den Belastungen ihres Berufs unsere Nachkommenschaft gesichert, genauso wie Boris und Mireille.

Mireille ist ein paar Minuten vor ihrem Zwillingsbruder auf die Welt gekommen. In ihr steckte von Anfang an das pralle Leben, sie war ein richtiges Energiebündel. Die Schule fand sie doof, sie hatte ein freches Mundwerk gegenüber ihren Lehrern und Erwachsenen im Allgemeinen, sie war willensstark und selbstständiger als Luc, aber sie hat immer zu ihm gehalten. Sie hat uns in der Pubertät viele Sorgen bereitet, vor dem Abi hat sie sich gerade noch gefangen. Danach ist sie mit dem Rucksack durch die Welt gereist, erst mit Luc nach Indien, dann allein nach China. Dieses Land hat sie so fasziniert, dass sie nach ihrer Rückkehr anfing, Sinologie zu studieren. Sie hat das Studium abgeschlossen und in China eine verwandte Seele gefunden, den lieben Liu.

Mireille hat sich immer vor allem auf sich selbst verlassen, was nicht heißt, dass sie keinen Anteil am Leben der anderen genommen und sich nicht für die Menschen, deren Schicksal ihr am Herzen lag, eingesetzt hätte. Sie ist couragiert und direkt, scheut keinen Konflikt, manchmal bohren sich ihre Worte wie ein Stachel ins Fleisch, sie betont, ähnlich wie Boris, die Individualität, aber auf eine schärfere, radikalere Art. Natürlich wollten wir uns das nicht immer gefallen lassen. Dann redete sie nicht mehr mit uns, und ihre blauen Augen sprühten furchterregende Funken.

Sie hat erst Liu und nun Boris junior mit in die Familie gebracht. Zwei Neue in unserer Sippschaft. Wir sind stolz auf ihre akademischen Erfolge und ihre Publikationen und freuen uns, dass sie uns und ihren Geschwistern die Treue hält.

Kommen wir schließlich zu Luc, unserem Nesthäkchen, unserem *Schneehasen*. Er hat so viel für uns getan und tut es immer noch! Es ist schon ein Geschenk, ihn einfach so zu erleben, wie er ist. Immer locker vom Hocker, munter und lebensfroh. Er lässt sich von Widrigkeiten des Lebens nicht so schnell aus der Ruhe bringen und zerbricht sich nicht unnötig den Kopf. »Carpe diem«, lautet sein Motto, er denkt nur leider überhaupt nicht an die Zukunft.

Von Natur aus bequem, ist es ihm nie in den Sinn gekommen, im Haushalt mit Hand anzulegen. Die Schule war ihm komplett egal, seine schlechten Noten hat er mit einem Lächeln hingenommen. Irgendwann hat er unserem Drängen nachgegeben und einen Beruf erlernt. Es gab nicht viele Arbeiten, die ihm behagten, aber die des Tischlers gehörten dazu. Er fertigt gerne Sachen aus Holz, allerdings nur, wenn er gerade Lust dazu hat. Dafür hat er sich schon sehr früh für die Musik begeistert. Er hat Flöte, Klavier und Gitarre gelernt und konnte stundenlang dasselbe Stück üben, bis er es schließlich perfekt beherrschte.

Ja, er hat Musik in unser Leben gebracht. Welch ein Glück! Dabei haben wir nie versucht, ihm die Sache schmackhaft zu machen, er ist der Einzige in unserer Familie, der musiziert. Er hat uns zum Singen, Summen, Pfeifen und Schnalzen animiert, und mittlerweile trällern wir alle zusammen im Familienchor und wippen dabei mit dem Fuß. Aber er hat auch seine schwermütigen Momente. Im Grunde ist er ein Bluesmusiker. Wir freuen uns, dass er seiner Nichte Sabine Klavierstunden gibt. Bei der Beerdigung seines Onkels Simon hat er ein Stück gespielt, das uns alle zu Tränen gerührt hat.

Liebe Kinder, ihr habt uns verwöhnt. Schön, dass wir euch haben. Wir hätten euch das viel früher sagen müssen.

Herzlichst
Lionel und Sophie

Fünfter Akt

»Es schlägt mir jedes Mal auf den Magen, wenn es Probleme gibt.
Kommt möglicherweise davon, dass doch Gefühle in mir gären.
Wahrscheinlich platze ich bald.«

Charlotte an Mireille und Luc

Paris, den 23. November

Lieber Luc, liebe Mireille,

ihr wisst, was für ein Drama sich zurzeit in Genf abspielt. Ihr wisst auch, dass ich mit Boris' Therapeuten Yuri in Verbindung stehe. In seinem letzten Brief hat er geschrieben, dass die Situation »außerordentlich ernst zu nehmen« ist. Er schlägt vor, dass wir uns beratschlagen und gemeinsam überlegen, wie wir unserem Bruder und insbesondere Mathias helfen können.

Dass wir beratschlagen und überlegen, ist eine Selbstverständlichkeit, finde ich. Aber wie können wir helfen?

Wir haben überhaupt keinen Kontakt zu Mathias. Seitdem er von zu Hause weggelaufen ist, hat er sich nur bei seinem kleinen Bruder gemeldet und gesagt, dass es ihm gut geht, dass er mit Freunden in einem besetzten Haus wohnt und die Polizei nicht nach ihm zu suchen braucht. Er hat keine näheren Angaben gemacht, wo dieses besetzte Haus ist, er hat daran erinnert, dass er volljährig ist, und gemeint, dass man ihn in Frieden lassen solle. Für die Polizei ist der Fall damit erledigt. Ich frage mich, wie seine Mutter mit dem Ganzen umgeht. Sie will ja nichts mit uns zu tun haben. Sie hat ihren Söhnen jeglichen Verkehr mit uns untersagt.

Wie wäre es, wenn einer von uns nach Genf fahren würde? Und dann? Mal sehen. Womöglich weiß Léon ja noch mehr. Mireille, hast du nicht Mitte Dezember in Genf dein Seminar? Musst du nicht sowieso dorthin?

Aber Luc, du bist derjenige, der eigentlich den besten Draht zu Mathias haben müsste. Er hat dich sehr bewundert. Ich erinnere mich noch, wie ihr zusammen kleine Bluesstücke gespielt habt, du an der Gitarre, Mathias mit der Mundharmonika.

Wenn es uns gelingt, ihn aufzuspüren, könnten wir ihm anbieten, für einige Zeit nach Paris zu kommen, wo er ein ganz anderes Umfeld hätte. Er könnte bei einem von uns wohnen. Auf diese Weise würden wir uns vielleicht auch Boris annähern.

Na ja, aber ich bin mir nicht sicher, wie wir die Sache anpacken sollen. Habt ihr irgendwelche Ideen?

Ich selbst kann mich nicht in die Schweiz aufmachen, ich bin im Krankenhaus gerade unabkömmlich. Wir sind dort völlig überlastet.

Da machst du es dir ganz schön leicht, werdet ihr sagen. Aber ihr irrt euch, ich würde mich liebend gern nützlich machen und etwas tun, um diese schwierige Situation in den Griff zu bekommen. Wir müssen auf jeden Fall etwas in die Wege leiten.

Lasst uns für die nächsten Tage ein Treffen vereinbaren und gemeinsam Pläne schmieden.

So viel zum aktuellen Stand der Dinge.

Herzlich
Charlotte

Léon an seine Cousine Sabine

Genf, den 6. Dezember

Hallo, Cousine,

meinen Berechnungen zufolge wird dich diese Geheimpost am Montag erreichen.

Hier geschehen im Augenblick merkwürdige Dinge. Ich bin der Einzige, dem Mathias von Zeit zu Zeit ein Lebenszeichen sendet, seitdem er abgehauen ist. Er erzählt mir aber nicht gerade viel und geht auch nicht ans Telefon, ich weiß eigentlich nur, dass er mit ein paar Kumpels in irgendeinem besetzten Haus wohnt.

Meine Mutter RASTET TOTAL AUS. So habe ich sie noch nie erlebt. Ich glaube, sie hält es einfach nicht aus, wenn sie nicht die Kontrolle über eine Situation hat. Sie hat bei der Polizei eine Vermisstenanzeige aufgegeben. Ein Foto von Mathias war in der Zeitung und im Lokalfernsehen. Aber nachdem er sich dann bei mir gemeldet hatte, hat die Polizei ihre Suchaktion eingestellt. Er ist ja auch schon achtzehn. Ich habe mich mit Sokrates ein bisschen in der Gegend umgeschaut, in der er sonst immer rumhängt, und mit ein paar Leuten gesprochen, die ihn kennen. Aber ich habe nichts herausgekriegt.

Das MERKWÜRDIGSTE kommt jetzt allerdings erst noch. Pass auf. Als ich gestern das Schulgebäude verlasse, wer steht auf einmal vor mir? Unser Opa Lionel! Ich frage ihn: »Was machst du denn hier?« Und er meint: »ICH WARTE AUF DICH.«

Ich wollte mich am liebsten gleich wieder verdrücken, aber da sagt er: »Wir müssen Mathias suchen.« Also sind wir erst mal in der Altstadt was trinken gegangen, wir waren im Café »La Clémence«, das ist eine mordsmäßig angesagte Adresse. Opa wusste über die ganze Geschichte genau Bescheid und wollte sich bei mir ein paar brandheiße Tipps abholen, wie man Mathias auf die Spur kommen könnte. »Wo und mit wem treibt er sich denn so herum?«, hat er sich erkundigt. »Hast du irgendwelche Adressen von seinen KUM-PELS?«

Was sollte ich darauf antworten? Ich durfte Mathias ja nicht VERRATEN. Aber Großvater war so in Sorge, dass diese verdammten SORGEN sich auf mich übertragen haben. Und dass er extra aus Paris angereist war, um meinen Bruder zu suchen, das hat schon auch Eindruck auf mich gemacht. Mit anderen Worten, ich habe ihm gesagt, was ich wusste.

Er hatte ein Notizbuch dabei, in dem er ein bisschen was vermerkt hat, seine alten Hände haben gar nicht gezittert beim Schreiben. Die Wände des Cafés sind immer näher gerückt, die Decke hat sich herabgesenkt bis zu meinem Kopf, das Gesicht von Großvater ist immer länger geworden, es ist durch die Decke gestoßen und hat sich in den Wolken aufgelöst, und dann ist aus diesen Wolken ein Regen niedergegangen, der sich über die Leute im Café ergossen hat, die irgendwann so aussahen wie Großvater.

Zum Schluss hat er mir seine Handynummer in die Hand gedrückt und mich darum gebeten, ihm Bescheid zu sagen, wenn mein Bruder mich anrufen sollte, und Mathias gleich auszurichten, dass sein Großvater in Genf ist und mit ihm sprechen will. Na ja, da habe ich mir ganz schön was eingebrockt.

Opa ist hinter ihm her, oder vielleicht hat er ihn auch schon aufgestöbert, und jetzt gammeln sie zusammen in so einem abgefuckten Viertel rum und schlafen in Müllsäcken oder so. Oder er hat Mathias nach Paris mitgenommen.

Wenn du was hörst, kannst du mich irgendwie informieren? Das ist ja nicht das Gleiche wie petzen. Du kannst dir vorstellen, dass ich echt wahnsinnig BEUNRUHIGT bin, wenn ich dich um so was bitte.

Bisher hat sich Mathias jedenfalls nicht bei mir gemeldet. Vielleicht ist er schon tot? Vielleicht ist er mit seiner Freundin nach London durchgebrannt? Er ist zu allem fähig, er hat einen ziemlichen Sprung in der Schüssel.

Ich habe wirklich ein FLAUES GEFÜHL IM MAGEN wegen dieser Geschichte. Es schlägt mir jedes Mal auf den Magen, wenn es Probleme gibt. Kommt möglicherweise davon, dass doch Gefühle in mir gären. Wahrscheinlich platze ich bald.

Ich mache mir auch Sorgen um meine Mutter, und zwar deswegen, weil sie sich so viele Sorgen um Mathias macht. Das kommt noch dazu. Man liebt seine Mutter ja, auch wenn sie manchmal nervt. Wie kann ich ihr helfen? Wenn dir dazu was einfällt, lass es mich wissen.

Ein Foto von mir liegt bei. Mit Sokrates. Hoffentlich beeindruckt meine Stirn deine Freundin Laure immer noch. Seitdem du mir geschrieben hast, DASS ICH IHR GEFALLE, gaffe ich ständig in den Spiegel.

Noch was anderes. Interessierst du dich für Physik? Hast du schon mal von stabilen Systemen gehört? Das ist, wenn ein System im Gleichgewicht ist, das heißt, wenn die Regeln, nach denen es funktioniert, gleich bleiben. Wenn sich nun aber eine dieser Regeln ändert, gerät das ganze System aus dem Gleichgewicht. Solche Regeländerungen werden durch interne oder externe Störungen verursacht. Werden diese Störungen dann nicht behoben, führt das entweder dazu, dass ein neues Gleichgewicht gefunden wird, oder dazu, dass das System zusammenbricht. Welcher der beiden Fälle tatsächlich eintritt, ist absolut unvorhersehbar. Na ja, und mein MAGEN ist eben auch so ein System, in dem ein paar Störungen aufgetreten sind.

Aber in der Natur können KLEINE Störungen ein Ökosystem stärken und zu einer Steigerung der biologischen Vielfalt in diesem System beitragen.

Ist vielleicht alles ein bisschen neunmalklug.
Léon

Mireille an Charlotte und Luc

Genf, den 7. Dezember

Liebe 姐姐, lieber 双生,

ich sitze hier an Papas Bett in der Notaufnahme des Genfer Uniklinikums. Papa ist soeben eingeschlafen, ich habe Maman angerufen und greife jetzt zum Stift. Es ist zehn Uhr abends, draußen fällt der erste Schnee.

Zum Glück ist es nichts Schlimmes, kein Herzinfarkt. Das haben die Untersuchungen ergeben. Er hat das Schicksal jedoch ganz schön herausgefordert! Mathias liegt im Nebenzimmer. Er ist noch nicht wieder zu sich gekommen. Wahrscheinlich hat er eine Überdosis. Aber die Ärzte meinen, alle lebenswichtigen Funktionen sind intakt.

Doch der Reihe nach: Papa hat sich vergangenen Sonntag auf den Weg nach Genf gemacht, ohne irgendjemandem Bescheid zu sagen. Er ist die fünfhundert Kilometer in einem Stück durchgefahren, hat er mir erzählt, ich schätze mal, er hat dabei einen Zigarillo nach dem anderen geraucht. Nachdem er spätabends aufgebrochen war, kam er am frühen Morgen an und wollte erst mal bei Boris vorbeischauen, den er allerdings nicht antraf. Daraufhin hat er sich in einem kleinen finsteren Hotel im Pâquis einquartiert. Ich denke mir, er wird nicht viel geschlafen haben, sondern bald auf die Suche nach Mathias gegangen sein. Zunächst hat er Léon an der Schule abgepasst und ihm ein paar Informationen entlockt. Unter anderem die Adresse von Chloé, Mathias' Freundin.

Er ist dort vorstellig geworden und hat sich mit Chloés Mutter unterhalten, einer etwas ratlosen Witwe, die offenbar als Mutter keinerlei Autorität hat. Chloé, vor Kurzem erst siebzehn geworden, macht, was sie will. Sie ist bis über beide Ohren in Mathias verliebt und folgt ihm auf Schritt und Tritt. Ihre Mutter hat Papa einige Hinweise gegeben, wo die beiden oft hingehen, und so hat er sie schließlich im Billardcafé eines autonomen Kulturzentrums aufgespürt.

Was dann passiert ist, ist mir nicht ganz klar, da hat sich Papa nicht so deutlich ausgedrückt. Offensichtlich hat er in der Nacht von Dienstag auf Mittwoch zusammen mit Mathias ein paar Wände vollgesprüht. »Ibant obscuri sola sub nocte« – einsam schritten sie hin, von Nacht umhüllt, würde Maman sagen.

Sie haben wohl auch mächtig gebechert, und Mathias und Chloé haben außerdem Kokain geschnupft. Mathias war völlig außer Rand und Band. Da taucht aus heiterem Himmel sein Großvater auf und will mit ihm Graffiti sprühen. Er fand Papas spontane Versuche anscheinend sehr gelungen! Extrem präzise und ziemlich eigen. Auch Mathias' Freunde waren begeistert, hat Papa behauptet.

Plötzlich ist Mathias vor seinen Augen zusammengebrochen. Papa hat versucht, ihn zu reanimieren, und den anderen gesagt, sie sollen einen Notarzt rufen. Im Krankenhaus hat er dann auf einmal heftige Schmerzen in der Brustgegend bekommen. Die Ärzte haben ihn gleich eingewiesen, nachdem er zusammengesackt war und sich den linken Arm gehalten hatte. Und jetzt liegen sie alle beide auf der Station.

Das Krankenhaus hat Boris und Ruth benachrichtigt, die beide kurz nach mir eingetroffen sind. Das hättet ihr sehen sollen, wie die sich erst mal angeguckt haben! Und wie sie schweigend an Mathias' Bett standen – Boris auf der einen, Ruth auf der anderen Seite –, sich gegenseitig keines Blickes würdigten und je eine Hand ihres künstlich beatmeten Sohnes hielten. Eine Szene aus einem

Sophokles-Drama. Ich habe es nicht lange ertragen und bin wieder zurück in das andere Zimmer zu Papa. Was für ein tragikomisches Ende, oder?

Nachdem ich mit meinem Seminar sowieso in Genf zu tun habe, hatten wir ausgemacht, dass ich mich hier ein wenig umsehe. Und damit ich auch Zeit habe, mich umzusehen, habe ich meine Reise ein paar Tage vorverlegt.

Ich bin gestern Abend angekommen und habe mir im Pâquis ein Zimmer genommen, im Hôtel Jade, das zufällig gleich neben dem Hôtel Kipling liegt, wo Papa wohnt. Große Geister nähern sich eben intuitiv einander an – große Dummköpfe allerdings auch. Heute Morgen habe ich einige Male bei Boris angerufen, und nachdem ich ihn nicht erreicht habe, habe ich es bei Ruth probiert. Ja, bei Ruth. Ich hatte zwar ihre Nummer nicht, aber man kann ja auch einfach im Telefonbuch nachschlagen.

Zu meiner Überraschung war sie eigentlich ganz nett. Die Geschichte mit Mathias hat sie wohl ziemlich aus der Bahn geworfen. Sie konnte mir keine Tipps geben, wo er steckt. Am Nachmittag hat dann sie mich angerufen und mir erzählt, dass Mathias und sein Großvater im Krankenhaus liegen, sie würde gleich hinfahren.

Boris war leichenblass und hatte einen völlig irren Blick. Er ist furchtbar abgemagert. Mit mir hatte er nun wirklich nicht gerechnet. Er hat mich in den Arm genommen – mir kommen die Tränen beim Schreiben. Wir sind gemeinsam in Papas Zimmer gegangen. Das kann einen schon mal aus der Fassung bringen, wenn dein Vater und dein Sohn zusammen in der Notaufnahme landen! Oder? Besonders verwirrend war die Information, dass Großvater und Enkelsohn offenbar miteinander um die Häuser gezogen waren …

Aber jetzt ist alles unter Kontrolle. Die Ärzte sind guter Dinge, dass Mathias bald wieder das Bewusstsein erlangen wird. Die MRT und die allgemeinen Untersuchungen deuten auf nichts Alarmierendes hin. Er braucht nur ein bisschen Ruhe. Wir drücken die Daumen. Papa wird wahrscheinlich morgen schon aus der Klinik entlassen.

Ich habe die nächsten Tage Zeit, mich um die beiden zu kümmern, mein Seminar fängt ja erst am Zwölften an. Das heißt, ich werde mich hauptsächlich Papas annehmen und Mathias im Krankenhaus besuchen. Sicher werde ich auch Boris treffen. Vielleicht auch Léon. Und eventuell sogar Ruth, wer weiß?

Papa schläft tief und fest. Ich werde noch ein bisschen an seinem Bett sitzen bleiben und das Buch zur Hand nehmen, das ich dabei habe, *Sechs Aufzeichnungen über ein unstetes Leben* (fú shēng liù jì, 浮生六记) von Shen Fu – ich habe es heute Morgen zufällig in der sehr empfehlenswerten Buchhandlung »Rameau d'or« entdeckt. Shen Fu ist ein Autor des 18. Jahrhunderts, ich mag ihn sehr, ich habe die *Sechs Aufzeichnungen* schon einmal gelesen, der Roman ist nach einem langen Tag eine Insel des Friedens, vor allem in der exzellenten Übersetzung von Simon Levy.

Er beschreibt in schlichten, aber eleganten und präzisen Worten die Liebe zweier Eheleute. Mich erinnert dieses ungekünstelte Paar an Liu und mich. Ich habe beim Lesen fast das Gefühl, als wäre mein Mann bei mir, während ich hier vor mich hin träume und den Schneeflocken draußen zuschaue. Charlotte, du und Ernest, ihr müsst dieses Buch unbedingt lesen. Luc, du als Unverheirateter kannst dir noch Zeit lassen.

Ich halte euch über alles Weitere auf dem Laufenden.
Eure 妹妹 Mireille

Aus den *Sechs Aufzeichnungen*:
»Von nun an waren wir beide so vertraut, daß wir ›einander mit Ohren und Schläfenhaar berührten‹, und waren so unzertrennlich wie Körper und Schatten. Das Gefühl der Liebe ist mit Worten nicht zu beschreiben.«

Lionel an seine Frau Sophie

Genf, den 10. Dezember

Liebe Sophie,

Mireille ist mir mit ihrem Anruf zuvorgekommen und hat dir bereits alles berichtet. Deine Stimme hat am Telefon etwas gereizt geklungen. Ich verstehe, dass du verärgert bist, nachdem ich mich davongemacht habe wie ein Dieb, ohne dir Bescheid zu sagen. Aber manchmal muss man als Großvater eben handeln.

Der Zustand von Mathias bessert sich, er ist jetzt aufgewacht. Ich glaube, im Nachhinein ist ihm diese Geschichte ganz schön peinlich. Er muss noch eine Woche im Krankenhaus bleiben, danach darf er, wenn alles gut geht, wieder nach Hause. Aber ich bin trotzdem beunruhigt, auch wenn er körperlich wohl bald wieder gesund sein wird. Ich mache mir viel mehr Sorgen um seine seelische Verfassung.

Es gibt in der Klinik zwar einen Therapeuten, der jeden Tag bei ihm vorbeischaut und sich mit den anderen Ärzten darauf verständigt hat, dass ein Drogenentzug dringend notwendig ist. Dieser Therapeut wird ihn auch nach seiner Entlassung aus dem Krankenhaus betreuen. Mir gegenüber hat er sich allerdings fast gar nicht geäußert, als ich ihn um ein Gespräch gebeten habe. Er hat sich bloß ein paar Notizen gemacht und gemeint, er unterliege der Schweigepflicht, was mich doch ziemlich aufgeregt hat. Aber ich muss das akzeptieren. Mit Ruth und Boris pflegt er anscheinend einen etwas offeneren Umgang.

Was die Probleme innerhalb seiner Familie angeht, lässt Mathias mich gar nicht an sich heran. Wenn ich ihm ein Lächeln abringen möchte, rufe ich ihm am besten unsere denkwürdige Nacht ins Gedächtnis. Man muss vielleicht dazusagen, dass wir mitten in dem blitzblanken Genfer Geschäftsviertel gesprüht haben. Unsere Graffiti sind bestimmt bald wieder weg. Wir hatten eben einen sitzen, und ich habe mich so gefreut, Mathias ausfindig gemacht zu haben, dass ich meine sonst üblichen Bedenken über Bord geworfen habe. Ich habe erst gar nicht mitbekommen, dass er die ganze Zeit über heimlich Kokain schnupft. Er hat es wohl gewaltig übertrieben, aber er hat es geschickt verborgen. Er ist nun mal ein Schlitzohr, wie sein Vater. Er hat nachts eine dunkle Sonnenbrille getragen, damit man seine roten Augen nicht sehen konnte.

Als er sie einmal abgenommen hat, sind mir die geweiteten Pupillen hinter den langen, fettigen Haaren aufgefallen. Ich dachte mir, darüber sollten wir mal reden, aber es war nicht der richtige Moment, ich wollte ihn ja für mich gewinnen. Doch dann haben sich die Ereignisse überschlagen, wie du weißt. Er ist mit der Sprühdose in der Hand vor meinen Augen zusammengesunken und ohnmächtig geworden. Er hat, hoffentlich versehentlich, eine Überdosis erwischt.

Ich besuche ihn jeden Tag im Krankenhaus. Ansonsten verbringe ich viel Zeit mit Boris und Mireille. Am Montag fängt ihr Seminar an. Sie hat mich eingeladen, mir ihren Vortrag anzuhören. Das tue ich natürlich gern. Ich habe sie noch nie in der Diskussion mit anderen Sinologen erlebt, in Paris hat sich die Gelegenheit bisher nicht ergeben. Du warst dabei, als sie vor ein paar Jahren ihre Doktorarbeit verteidigt hat, aber da war ich auf einem Kongress in Lissabon. Sie hat mir einen kurzen chinesischen Roman von einem gewissen Shen Fu geschenkt und gemeint, den müsse ich unbedingt lesen, das würde mir guttun, und wenn ich ihn gelesen habe, soll ich ihn dir geben.

Boris und ich nähern uns einander vorsichtig an. Er hat stark abgenommen, weicht häufig meinem Blick aus. Es kommt mir vor, als spazierten wir zusammen über einen gefrorenen See und spürten, dass das Eis jeden Augenblick brechen kann. Ich glaube, dass diese ganzen Briefe schon geholfen haben. Aber es ist eben nicht leicht, die Fehler der Vergangenheit zu korrigieren. Auf mein Drängen hin hat er mich gestern einmal durch seine Bank geführt und mir seine Kollegen und Mitarbeiter vorgestellt. Die gesamte Belegschaft begegnet ihm mit unglaublicher Ehrfurcht, gerade dass sie ihm nicht die Füße küsst. Er ist wirklich eine wichtige Persönlichkeit in dieser Branche.

Ich habe mit ihm über die Möglichkeit gesprochen, dass Mathias für einige Zeit zu uns zieht, damit er wieder auf die Beine kommt. Das heißt, Mathias könnte in Paris auch bei einem unserer Kinder wohnen, ganz wie er will. Wir könnten in meinem Atelier zusammen malen. Im Februar ist in London eine große Francis-Bacon-Ausstellung, in der Tate Gallery. Davon habe ich Mathias schon erzählt. Wir könnten dort auch in andere Museen und Ausstellungen gehen. Spontan hat er weder Ja noch Nein gesagt, warten wir also einfach mal ab. Boris hätte nichts dagegen, wenn wir seinen Sohn ein wenig unter unsere Fittiche nehmen würden, im Gegenteil, er wäre ganz froh, wenn wir ihn den Fängen seiner Ex-Frau entreißen könnten.

Ruth habe ich nicht mehr gesehen. Boris hat sich mit ihr verabredet, um sich mit ihr darüber zu unterhalten, wie es nun weitergehen soll mit ihren beiden Jungs. Hoffentlich kommt dabei was heraus, und die zwei beenden ihre Schlammschlacht.

Léon hat übrigens auch bei mir vorbeigeschaut. Er geht oft mit Sokrates im Pâquis spazieren. Er hat einen recht guten Eindruck auf mich gemacht, Boris meint allerdings, dass er einen etwas seltsamen Umgang hat. Er ist ein hervorragender Schachspieler, weigert sich jedoch, an offiziellen Turnieren teilzunehmen. »Wettbewerbe sind Quatsch«, hat er mir erklärt und dabei keine Miene verzogen. Sokrates schien ganz seiner Meinung zu sein.

Léon ist ein junger Wilder. Er erinnert mich irgendwie an eine Thermosflasche: außen kalt, innen heiß. Er ist in der Schule einsame Spitze, aber er langweilt sich und freut sich schon, wenn er endlich auf die polytechnische Universität in Lausanne gehen darf. Er will Physik studieren.

Ich habe gestern und heute in einer eigenartigen Konditorei namens »La Vouivre« gefrühstückt, nach dem gleichnamigen Roman von Marcel Aymé. Ecke Rue des Pâquis / Rue de Zurich. Viele kunstvoll gerahmte Spiegel, die Einrichtung elegant, aber ziemlich zusammengewürfelt, dazu leise Mozart-Klänge. Danach bin ich an den Anlegestellen der Boote entlanggelaufen, habe an dich gedacht und mir ein paar Gedanken über unsere Familie gemacht.

Ich habe die kreischenden Krähen und Lachmöwen beobachtet. Die Lachmöwen werden hier in der Gegend immer seltener, habe ich mir sagen lassen, weil sie von den Silbermöwen vertrieben werden. Lach- und Silbermöwen sind Nahrungskonkurrenten. Léon hat recht, Wettbewerbe sind Quatsch.

Der erste Schnee ist bereits gefallen, aber das Wetter ist schön. Heute Morgen hat die Sonne geschienen. Der berühmte »Jet d'eau« im Genfersee hat einen schillernden Regenbogen gemalt. Es fahren auch Fährboote vom einen Ufer des Sees zum anderen, einfache, alte Motorboote. Sie heißen »Mouettes«, also Möwen. Vielleicht eine versteckte Anspielung auf Tschechow? Den Schifffahrtsbetrieb »Mouettes genevoises« gibt es jedenfalls schon seit über hundert Jahren.

Ich weiß nicht mehr, wo ich gelesen habe, dass die Möwe ein Symbol für die Trennung von der Mutter ist. Für die Trennung bei der Geburt, die Loslösung im Erwachsenenalter und die Trennung durch den Tod. Ich muss darüber noch mal nachdenken. Über dein Verhältnis zu Boris, über Ruths Beziehung zu Mathias und Léon, über Charlotte und Sabine, über Noémie und dich ... Alles, was zusammengehört, geht auseinander.

Dabei gilt die Möwe eigentlich nicht als Unglücksbotin. Ihr schriller Schrei erinnert an den einer Frau, die gerade ein Kind zur Welt bringt.

Léon hat angekündigt, dass wir die Fähre nehmen, wenn ich im Frühling wiederkomme und es etwas wärmer ist. Ich habe es so verstanden, dass er am liebsten ein Kap mit mir umsegeln will. Wahrscheinlich wirst du jetzt sagen, ich habe einen ganz schönen Vogel.

Liebe Sophie, das ist ein Liebesbrief. Du sollst wissen, dass es gut ist, dass du so bist, wie du bist. Dass ich dir dankbar bin für alles, was du mir, unseren Kindern und Enkelkindern gibst. Es tut mir leid, dass ich nicht immer der zuverlässige Partner bin, den du verdienst, oft mit mir selbst beschäftigt und dir eine Last bin. Bitte verzeih mir. Für die Zeit, die uns noch bleibt, verspreche ich, aufmerksamer zu sein. Das sind keine leeren Worte.

Was in den letzten Monaten in unserer Familie geschehen ist, hat mich völlig aus dem Konzept gebracht. Aber es hat mir auch sehr geholfen, es hat mir die Augen geöffnet. Und ich bereue nicht, nach Genf gefahren zu sein. Ich habe das Gefühl, dass mein Ausflug einen kleinen Teil zu den erfreulichen Entwicklungen beigetragen hat. Mögen diese Entwicklungen sich fortsetzen.

Am frühen Montagnachmittag, nachdem ich Mireilles Vortrag gehört und mit ihr und Boris Mittag gegessen haben werde, mache ich mich wieder auf den Weg nach Paris. Es ist so schön, sich Zeit für seine Kinder zu nehmen! Boris hat sowohl Mireille als auch mir einen seltsamen Topf aus Schokolade geschenkt. Das ist so ein Brauchtum hier, das gehört zur »Fête de l'Escalade«, dem Stadtfest, das an die erfolgreiche Verteidigung Genfs erinnert. Es findet dieses Wochenende statt. Vielleicht gehe ich mit Boris, Mireille und Léon morgen zum historischen Fackelzug. Uniformierte Reiter, Säbel und Hellebarden, Chorgesang und ein großes Lagerfeuer vor der Kathedrale, das ist bestimmt interessant.

Mireille ist gestern noch einmal auf diesen Vers aus dem Gedicht von Du Mu zu sprechen gekommen, den sie für dich abgeschrieben hat. »Viele Gefühle sind so wie gar keine Gefühle.« Meint sie das spöttisch? Aber besser Gefühle, die man sich nicht zu zeigen traut, als gar keine Gefühle, oder? Ich weiß, es entspricht nicht gerade dem Zeitgeist, so etwas zu sagen. Heutzutage gibt man sich doch gern extrovertiert und schreit seine Gefühle in die Welt hinaus.

Liebe Sophie, da ich in der Hinsicht gehandicapt bin und dir meine Gefühle oft verschwiegen habe, lass mich dir auf diesem Weg sagen, dass ich dich liebe.

Dein Lionel

Genf, den 11. Dezember

Lieber Edward,

du hast mich extra aus Dublin angerufen, um mir zuzureden, dass ich an Weihnachten unbedingt nach Paris kommen muss. Ich habe dich am Telefon nicht recht verstanden, weil in dem Pub, im »O'Shea's«, so ein Radau war. Ich glaube, du hast unter anderem gesagt, dass du in Becketts Dear Dirty Dublin zusammen mit ein paar Kollegen ein Seminar zum Thema Limericks veranstaltest.

Du hast auch gesagt, ich solle nicht so viel »Trübsal blasen«. Es stimmt schon, dass bei mir seit einigen Jahren Ernüchterung eingekehrt ist. Das hat auch mein Therapeut festgestellt. Deswegen hat er mich wohl ermuntert, meinen Eltern zu schreiben, mir Gedanken darüber zu machen, was es bedeutet, das älteste Kind einer Familie zu sein, und diese Gedanken ebenfalls niederzuschreiben – du bist ja auch das älteste Kind deiner Familie …

Und ich habe herausgefunden, dass der Bruch mit meinen Leuten keine Befreiung war, sondern dass ich in der Folge eigentlich immer verbitterter geworden bin. Auch die Trennung von Ruth ist mir letztlich schlecht bekommen. Es hat mich krank gemacht, dass ich danach meine Jungs nicht mehr sehen durfte.

Ich möchte betonen, dass der erste Brief an meine Eltern keine Kapitulation war. Das Ziel meines Therapeuten war es lediglich, dass wir wieder in Kontakt treten. Ich hätte die beiden ruhig beleidigen dürfen.

Ich hatte keine Ahnung, was der Brief auslösen würde. Die Antworten, die ich erhalten habe, haben mich überrascht, die Bemühungen meines Vaters, die Einladung meiner Mutter, die schnelle Reaktion von Charlotte und Luc und die seltsame Würdigung, die Lionel und Sophie ihren vier Kindern ausgesprochen haben.

Meine Familie hat mir beigestanden in dem Tal der Tränen, in dem ich mich befunden habe. Meine Eltern haben mir gezeigt, dass ich auch nach sieben Jahren Funkstille immer noch einen großen Platz in ihrem Herzen habe. Das hat mich beinahe umgeworfen, es hat überhaupt nicht in das Bild gepasst, das ich mir von ihnen gemacht hatte. Ich habe mich gewundert über ihre spontane, bedingungslose Bereitschaft, mir zu helfen, ohne ein Wort über unsere vergangenen Konflikte zu verlieren.

Ich komme mir ein bisschen vor wie ein Idiot. Ich merke, dass die Familie an Bedeutung für mich gewinnt. Sie ist eine Art Reservetruppe, die einem immer zur Verfügung steht. In ihr ist man aufgewachsen und hat seine ersten menschlichen Beziehungen aufgebaut, auch wenn sie vielleicht schmerzhaft waren – darüber kann man nicht so einfach hinwegsehen, oder? Sie formt einen. Spätere Beziehungen, die man eingeht, werden von ihr geprägt. In der Familie macht man die Erfahrung, zu lieben und geliebt zu werden, und lernt, dass Liebe unter Umständen auch scheitern kann. Man lernt außerdem, mit anderen mitzufühlen und Pflichten zu erfüllen, ohne Gegenleistungen dafür zu fordern. Die Familie schiebt dem Egoismus einen Riegel vor.

Das klingt doch alles viel zu schön, oder?

Letztlich kann ich nur sagen, dass mir nicht mehr ganz so elend zumute ist. Ich akzeptiere allmählich, dass wir irgendwie zusammengehören. Ich *weiß* jetzt, dass ich niemals mein Erstgeburtsrecht für einen Teller Linsen an meinen Bruder verkaufen würde, so wie Esau das getan hat. Niemals. Obwohl ich Linsen an sich recht gern esse.

Ich überlege die ganze Zeit, ob ich an Weihnachten nach Paris fahren soll. Ich fürchte jedoch, dass ich mich dazu nicht überwinden kann. Es kommt dir vielleicht lächerlich vor, aber ich fühle mich zu so einem Treffen einfach noch nicht bereit. Wenn ich fahren würde, würde ich natürlich am liebsten Mathias und Léon mitnehmen. Aber das würde Ruth auf keinen Fall erlauben. Bitte sag jetzt nicht, ich versuche, mich einigermaßen elegant aus der Affäre zu ziehen.

Du weißt, wie wichtig mir deine Freundschaft ist. Ich habe hier keine Freunde wie dich, in Genf findet man höchstens Kollegen und Geschäftspartner. Aber Edward, eigentlich bist du ja auch ein Verwandter von mir. Noch etwas, das für die Familie spricht.

Dein Cousin Boris

Aber unter uns gesagt: Ich weiß nicht, wie lange ich es noch ertragen kann, dass meine Mutter mich ständig ihren *Kobold* nennt.

Sophie an ihren Sohn Boris

Paris, den 12. Dezember

Mein lieber *Kobold*,

erst einmal: Was für ein Glück, dass Mathias außer Gefahr ist! Und wie schön, dass du mit deinem Vater gesprochen hast! Er ist gerade aus der Schweiz zurückgekommen, erschöpft, aber froh, dich und deine beiden Söhne nach langer Zeit wiedergesehen zu haben, wenn auch unter schwierigen und ein wenig seltsamen Umständen. Freut mich, dass du auch Mireille getroffen und dir sogar ihren Vortrag angehört hast. Bestimmt wird sie mir selbst ihre Eindrücke aus Genf schildern, wenn sie in ein paar Tagen zurückkommt.

Man hat doch irgendwie den Eindruck, im Stillen läuft alles darauf hinaus, dass wir bald wieder vereint sein werden, oder? Vielleicht muss es ja manchmal ordentlich krachen, damit die Dinge danach ins Lot kommen können. Du sollst wissen, dass mich dein Brief völlig aus der Bahn geworfen hat. In die Freude über das Lebenszeichen nach sieben Jahren des Schweigens haben sich schreckliche Selbstzweifel gemischt. Aber ich fange an zu begreifen, dass ich als besserer Mensch aus dieser Prüfung hervorgehen werde.

Ich bin mir nicht mehr sicher, ob ich eine gute Mutter und eine gute Ehefrau bin – außerdem stelle ich mir Fragen, die meine Rolle als Tochter und die als Schwester betreffen, aber das ist wieder eine andere Geschichte, vielleicht haben wir irgendwann Gelegenheit, darüber zu sprechen. Als Mutter werfe ich mir in erster Linie vor, wie ich mich dir gegenüber verhalten habe.

Du warst mein erstes Kind, ein Junge. Einen Sohn zur Welt zu bringen war für mich eine verwirrende Erfahrung. Ich selbst hatte keinen Bruder, nur zwei Schwestern. Lionel dagegen hatte keine Schwester, dafür aber einen Bruder. Vielleicht haben wir es ja auch deswegen zu zwei Töchtern und zwei Söhnen gebracht.

Die Geburt war ein umwerfendes Ereignis! Wie ich dich zum ersten Mal in meinen Arm gehalten habe, nachdem du aus dem Bauch geschlüpft warst! Das war faszinierend, du hast mich sofort in deinen Bann gezogen. Alles andere ist irgendwie in den Hintergrund gerückt, auch Lionel. Du warst einfach mein kleiner Gott. Wie soll ich das beschreiben? Allein deine Gegenwart hat mich benommen gemacht. Ich habe auf deinen Atem gehört, wenn ich dir die Brust gegeben habe, und beobachtet, wie sich dein Gesichtsausdruck verändert. Wenn du satt warst, hast du dich gestreckt. Ein hinreißendes Schauspiel, ich habe in dir mein männliches Spiegelbild gesehen, das war mein Lebenselixier. Nur ein bisschen viel Oxytozin, lachst du jetzt wahrscheinlich spöttisch.

Mit Charlotte und den Zwillingen war die Erfahrung nicht ganz so intensiv, auch wenn ich von Gefühlen förmlich übergeschäumt bin. Du warst mein Auserwählter. Du hast von mir enorm viel Liebe bekommen, aber das war weder für dich noch für unser Verhältnis noch für die anderen gut. Ich habe großzügig über deine Launen und Eskapaden hinweggesehen und deine Erziehung vernachlässigt. Ich habe dir Rechte zugestanden, die ich deinen Geschwistern nicht eingeräumt habe. Ich habe dich verwöhnt, wie man so schön sagt. Insofern war ich eine schlechte Mutter.

Du hast dich gegen mich gewendet, weil ich dich nicht auf den Ablösungsprozess von mir vorbereitet habe. Weißt du eigentlich, dass die Möwe ein Symbol für die Trennung von der Mutter ist? Darüber würde ich mich gern noch mal ausführlicher mit dir unterhalten. Aber das Schlimmste war, dass ich dich nach meinem Bild und dein Vater dich nach dem seinen formen wollte. Wir haben uns oft deinetwegen gestritten. Wir waren wie zwei Helikopter, die jederzeit zu kollidieren drohten.

Na ja, ich übertreibe ein wenig, das ist wohl meine schwelgerische russische Ader. Diese Ader ist möglicherweise auch dafür verantwortlich, dass du Boris heißt. Warum eigentlich nicht gleich Sergej, Iwan oder Wladimir? Nein, nicht Wladimir, vielleicht kann ich dir irgendwann sagen, warum.

Ich glaube, du hattest es nicht leicht mit Lionel und mir. Wir haben dir unterschiedliche, miteinander konkurrierende Ideale vermittelt, von denen wir wie besessen waren: Medizin und Literatur, alte Ordnung und neues Chaos, ich höre lieber auf damit.

Mein *Kobold*, ich möchte dich um Verzeihung bitten. Du weißt, dir gehört mein ganzes Herz.

Ich hoffe, du kommst an Weihnachten nach Paris. Maisy und ihre Tochter Dorothy reisen sogar extra aus den USA an.

Deine Maman

Paris, den 12. Dezember

Salut, Cousin!

Habe heute wie geplant deinen Brief erhalten!

Ich hatte gewisse Informationen, aber die hast du inzwischen auch, nachdem du Großvater getroffen hast. Nur dank dir hat er Mathias gefunden. Das war kein Verrat. Hättest du nichts gesagt, wäre dein Bruder jetzt vielleicht tot. Um Himmels willen, würde Oma Sophie wohl an der Stelle ausrufen.

Ich habe Opa vorhin besucht. Er hat mich ausnahmsweise in sein Atelier gelassen, wo es wahnsinnig nach Zigarillos stinkt. Ich wollte mich erkundigen, wie es in Genf war und wie ihr so drauf seid, Mathias und du.

Opa hat nebenher gemalt, während er erzählt hat, den Genfersee mit dem Jet d'eau, und im Hintergrund die Alpen. »Das sind die ›Bains des Pâquis‹«, hat er mir erklärt. Hat hübsch ausgesehen. Wenn ich mal komme, führst du mich ein bisschen rum, okay? Aber dann hat er gegrummelt: »Das darf eigentlich noch niemand sehen, das soll ein Geschenk für Boris werden«, und hat das Bild mit seinem alten mit Farbe bekleckstEn Kittel zugedeckt. Also bitte sag deinem Vater nichts davon.

Opa und Mathias haben ja anscheinend ordentlich die Sau rausgelassen. Nicht schlecht, trotz fünfzig Jahren Altersunterschied.

Aber hältst du das Ganze noch aus? Alle machen irgendwie Stress, oder? Hat sich deine Mutter sehr aufgeregt? Erlaubt sie dir mittlerweile, deinen Vater zu sehen? Oder trefft ihr euch nach wie vor heimlich?

Das Foto von dir ist echt spitze! Gut siehst du aus. Laure, die sich mit ihrer Mutter oft die alten Filme in der Cinémathèque française anschaut, hat gemeint, du ähnelst Antonin Artaud in *Napoleon* von Abel Gance. Und Sokrates! Der ist ja total süß! So einen Hund hätte ich auch gern! Aber Maman mag leider keine Tiere im Haus.

Bei Laure stehst du wirklich hoch im Kurs. Vielleicht lernst du sie ja kennen, wenn du nach Paris kommst. Sie würde sich jedenfalls freuen. Kommst du denn an Weihnachten? Oma hat doch die ganze Familie eingeladen, weil sie groß feiern will.

Meine Mutter hat ein bisschen aufgehört, mir pausenlos aufs Dach zu steigen. Zum Glück. Aber sie wirkt irgendwie zerstreut oder gedankenverloren oder was weiß ich. Als ich neulich von der Schule nach Hause gelaufen bin, habe ich sie zufällig an der Metrostation Les Gobelins gesehen. Sie hat mich gar nicht bemerkt, also bin ich ihr gefolgt, nur so zum Spaß. Aber sie hat nicht den Weg zu unserer Wohnung eingeschlagen, sondern ist den Boulevard Saint-Marcel entlanggegangen, in die Rue Scipion eingebogen und dort in einem Gebäude verschwunden. Ich bin dann einfach umgekehrt.

Zwei Stunden später ist sie nach Hause gekommen. Zwei Stunden später! Ich habe wegen dieser Sache natürlich keinen Ton gesagt. Und sie auch nicht. Aber bitte, Léon, erzähl das niemandem, das muss unter uns bleiben. Ich habe keine Ahnung, was ich von der Geschichte halten soll.

Rappst du noch? Ich bereite mich gerade auf den nächsten Poetry-Slam vor. Ich lasse ein Video davon drehen, dann kannst du es sehen, und du musst mir EHRLICH sagen, wie du meinen Text findest. Außerdem will ich eine kleine Erzählung schreiben. Sie wird »Abschiedszeremonie« heißen, es geht um eine Erinnerung an etwas, das Laure und ich erlebt haben. Möchtest du sie lesen? Du könntest einer meiner ersten Testleser sein.

Mit dem *Fänger im Roggen* bin ich jetzt durch. Dieser Holden Caulfield ist ein echt cooler Typ. Also Holden ist die Hauptfigur. Er benutzt oft so schwammige Formulierungen wie: »Ich weiß nicht genau, was ich eigentlich damit meine, aber ich meine es.« Und du? Hast du *Der Graf von Monte Christo* ausgelesen?

Vor ein paar Tagen war ich bei »Tschann«, einer ganz tollen Buchhandlung am Boulevard du Montparnasse. An sich wollte ich mir *Denken / Ordnen* von Georges Perec besorgen, aber das hatten sie leider nicht da. Ich habe dann ein anderes Buch von Perec gekauft, das mir der Buchhändler empfohlen hat, *Was für ein kleines Moped mit verchromter Lenkstange steht dort im Hof?*. Kennst du das? Ich werde es nachher mal in Angriff nehmen.

Lesen macht mir wirklich Riesenspaß. Wenn ich den Fernseher einschalte, spüre ich richtig, wie meine Gehirnaktivität nachlässt. Und diese ganzen Tablets und Smartphones, wo man sich ständig noch irgendeinen dämlichen Werbespot anschauen muss und tausend Kenn- und Passwörter braucht, die man dauernd vergisst, nerven mich völlig.

Aber du musst mal bei YouTube den Suchbegriff »Book, une révolution technologique« eingeben. Da gibt's ein Video, das den Vorteil von Büchern erklärt. Kein Kabel, kein Akku, kein Funkloch, keine Verbindung, die zurückgesetzt werden muss, kein Systemabsturz und -neustart.

Hoffentlich kommst du in den Weihnachtsferien. Wir können vielleicht mit Laure am Montparnasse spazieren gehen und eventuell eine Shisha rauchen. Hast du das schon mal probiert?

Ein Küsschen für dich und eins für Sokrates. Bringst du ihn denn mit?

Sabine

Elsa an ihre Schwester Sophie

Paris, den 14. Dezember

Meine Liebe,

dein Brief hat mich im ersten Moment schon ziemlich deprimiert. Aber dann habe ich mich einmal kurz geschüttelt und mir vor Augen gehalten, was für ein wunderbares Verhältnis wir doch zueinander haben. Was soll's, wenn es nun tatsächlich so ist, dass wir nur Halbschwestern sind!

Ich fühle mich im Augenblick jedoch nicht in der Lage, der Sache weiter auf den Grund zu gehen. Vielleicht werde ich mich auch niemals dazu in der Lage fühlen. Dann bleibt es eben ein Geheimnis. »Pater semper incertus« – der Vater ist immer ungewiss, lautet ein alter römischer Rechtssatz. Und wie sagt Goethe so schön in *Die Leiden des jungen Werthers*? »Ach, was ich weiß, kann jeder wissen – mein Herz habe ich allein.«

Ich finde es etwas merkwürdig, dass Maman diese Briefe aufgehoben hat. Wozu, frage ich mich. Aber gemeinsam werden wir schon einen Weg finden, wie wir mit diesem überraschenden Erbe nun umgehen. Wenn ich mir manche Passagen aus Wladimirs Briefen durchlese, denke ich mir: Was für eine Liebesidylle! Und Maman war anscheinend eine sehr leidenschaftliche Liebhaberin, sie muss sich ihm hemmungslos hingegeben haben! Dabei hat sie Papa doch immer beigestanden und ihn unterstützt bei der Arbeit in der Apotheke. Man hatte den Eindruck, sie war ihm treu ergeben. Wir dagegen waren ja eher zweitrangig für sie.

Wird die Wahrheit je ans Licht kommen? Ist es in dem Fall überhaupt gut, die Wahrheit zu kennen? Und was ist denn schon die Wahrheit? »Selbst wenn es wahr ist, ist es falsch«, hat Henri Michaux einmal gesagt. Wenn niemand davon erfährt, kann es auch keine Folgen haben. Unsere Vorfahren haben vielleicht noch ganz andere Geheimnisse mit ins Grab genommen, von denen wir keine Ahnung haben. Und ich schätze mal, nicht nur unsere Vorfahren. Sie werden wohl ihre Gründe gehabt haben, warum sie gewisse Sachen unausgesprochen ließen. Manche Themen bleiben besser tabu – und sei es nur, um das Andenken an die Toten zu schützen.

Unglaublich, Maman lebt noch, und ich rede schon vom Andenken an die Toten ... Aber es ist ein bisschen so, als wäre sie tot. Wenn ich ihr mit der Hand über die Wange streiche, schürzt sie die Lippen, als wollte sie an irgendetwas nuckeln, und gibt komische Laute von sich. Ich frage mich, ob sie mich überhaupt versteht, wenn ich mit ihr spreche. Vielleicht reagiert sie nur irgendwie auf den Klang meiner Stimme?

Bei meinem Besuch neulich hätte ich ihr fast ins Gesicht geschleudert: »Na los, Maman, erzähl doch mal was von Wladimir.« Es brannte mir auf der Zunge. Nur um zu sehen, ob sie das aus ihrer Apathie, ihrer Umnachtung herausreißt. Doch du ahnst es schon, ich habe mich nicht getraut.

Nun aber zum aktuellen Geschehen: Die Initiative deines Mannes samt Genfer Odyssee ist in meinen Augen höchst erstaunlich. Dieser Lionel, immer für eine Überraschung gut! Einfach so mitten in der Nacht aufbrechen, ohne vorher Bescheid zu geben ... Ich konnte es kaum fassen, als du mir am Telefon davon berichtet hast. Und was dann in Genf los war, da überläuft mich ja ein kalter Schauder. Das hätte schlecht ausgehen können, wenn ... Aber ich will mir gar nicht ausmalen, was alles hätte passieren können.

Es wäre fantastisch, wenn die ganze Familie an Weihnachten zusammenkommen würde. Hast du von Jérôme, Edward und Maisy schon Rückmeldung erhalten? Mit unseren Amis wäre es wirklich ein ganz besonderes Ereignis. Ich habe Maisy als extrem schöne Frau in Erinnerung, sie hat etwas von Louise Brooks. Sie hat sich auch so im 20er-Jahre-Stil gekleidet und immer diese Topfhüte getragen.

Jérôme, mein Gott, ich habe ihn ewig nicht mehr gesehen. Ist er womöglich stark gealtert? Ist er nach wie vor so geschäftstüchtig? Wohnt er mittlerweile auf dem Land? Ich kann ihn mir gut vorstellen, wie er vor einem Schloss sitzt und einen Longdrink schlürft … Ich glaube, seine zweite Frau habe ich nie kennengelernt. Heißt sie Eva? Oder Ava?

Edward hat mir irgendwann erklärt, dass sein Vater vier Wohnsitze hat, einen auf Long Island, einen in Santa Barbara, einen in Mexiko und einen auf den Malediven, aber eigentlich die meiste Zeit im Flugzeug verbringt. Bestimmt benutzt er auch »Aramis«, du weißt schon, dieses süßliche Parfum, das Geschäftsmänner oft in den Duty-free-Shops kaufen. Im Grunde war er mir ja nie so recht sympathisch. Und dass er gar nicht auf Lionels Brief geantwortet hat, ist auch nicht gerade die freundliche Art.

Rachel, Max und Émilie kommen jedenfalls, das haben sie mir schon bestätigt. Ich kann dir auch gern bei den Vorbereitungen helfen. Soll ich vielleicht einen Vergnügungsdampfer buchen? Ich werde mich mal erkundigen, was es da für Angebote gibt. Mit Cocktailkarte? Und Musik? Aber im Prinzip kann auch Luc mit seinem Jazztrio spielen. *Das Schiff der Träume!*

Ich habe das Gefühl, seit ich Simon schreibe und laut mit ihm rede, ist Frieden in meinem Herzen eingekehrt. Ich habe wieder Interesse am Leben. Der Tai-Chi-Kurs ist Balsam für meinen Körper und meine Seele. Und jetzt halt dich fest, ich lese gerade mit Begeisterung Tschechow. Du hast recht, die Erzählungen sind besser als die Theaterstücke, obwohl sie weniger bekannt sind. Die Stücke sind natürlich auch gut, aber man muss sie erst mal gut inszenieren und spielen, was ja leider eher selten vorkommt.

Ich mag den schlichten, humorvollen Ton der Erzählungen, die Figuren haben etwas zutiefst Menschliches, und Tschechow wertet nicht. Er beherrscht dieses kurze Genre perfekt. »Die Kürze ist die Schwester des Talents«, hat er in einem Brief an seinen Bruder geschrieben. Er kann mit ganz wenigen Worten die Atmosphäre in der russischen Provinz heraufbeschwören, die Kälte, die Tundra, die dampfenden Samoware der Teegesellschaften, und die Melancholie und Einsamkeit der Menschen beschreiben ... Nachts hallen die Stimmen der schneidigen Offiziere durch die verlassenen Straßen. Manche Figuren beflügeln meine Fantasie, dann denke ich mir, so war vielleicht auch der mysteriöse Wladimir ...

Halt mich auf dem Laufenden über Neuigkeiten aus Genf!

Alles Liebe
Deine kleine Schwester Elsa

Mireille an ihre Schwester Charlotte

Paris, den 14. Dezember

Liebe 姐姐,

freut mich, dass mein Apfelkuchen halbwegs gelungen ist, und danke noch mal, dass du extra vorbeigeschaut hast, um mich fachkundig anzuleiten. Der von Maman ist natürlich besser, aber ich kann mich ja noch steigern.

Du hast allerdings recht müde, um nicht zu sagen traurig auf mich gewirkt. Als wir auf Ernest zu sprechen kamen, hast du erwähnt, dass er dir einen Brief geschrieben hat, bist dann aber nicht näher darauf eingegangen. Später wollte ich noch mal auf die Sache zurückkommen, doch du bist der Frage und meinem Blick ausgewichen.

Kurzum, du bist immer noch ganz die Alte, du bewahrst die Selbstbeherrschung, und ich rätsle, was eigentlich in dir vorgeht.

Nachdem du dich verabschiedet hattest, hatte ich ein unglaubliches Gefühl der Leere, das Gefühl, dass unsere Beziehung gescheitert ist. Wie müssen uns doch einander anvertrauen können! Dieser Gedanke hält mich nun schon die ganze Nacht wach. Glückwunsch, du hast mich mit deiner Schlaflosigkeit angesteckt ... Jetzt bin ich aufgestanden, um dir diesen Brief zu schreiben. Draußen ist es noch dunkel, der kleine Boris wird sich bestimmt bald melden.

Charlotte, ich weiß, wie sehr du Ernest liebst. Ist in eurer Beziehung womöglich gerade der Wurm drin? Ist es das, was dir schwerfällt auszusprechen? Aber redest du wenigstens mit einer Freundin darüber? Papa und Maman sind in solchen Sachen ja nicht die richtigen Ansprechpartner. Sie sind immer bemüht, den Schein zu wahren, das haben wir oft genug beobachtet. Und sie haben nicht gelernt, Gefühle zu zeigen. Oder haben sie sich etwa vor deinen Augen jemals geküsst?

Wenn ich mir Ernest und dich so anschaue, habe ich den Eindruck, dass ihr unheimlich gut miteinander umgeht. Aber wahrscheinlich ist die große Leidenschaft verflogen und dein Mann eine Art Bruder für dich geworden. Du liegst wie betäubt in seinen Armen, ich kann mir das schon vorstellen. Nagt die Gewohnheit an dir? Die Langeweile, die uns alle früher oder später überkommt?

Vielleicht steckt ihr bloß in einer vorübergehenden Krise. Vielleicht findet ihr bald wieder zueinander, könnt zusammen lachen – das ist eine wichtige Zutat –, und die Liebe erwacht von Neuem. Du darfst dich nicht immer für alles verantwortlich fühlen. Du tust, was du kannst.

Charlotte, ist es normal, dass eine Beziehung sich mit der Zeit abnutzt? Jede zweite Ehe wird heutzutage geschieden. Ist die Liebe gar nicht dieses umwerfende, unerschütterliche Gefühl, das so viele Dichter beschrieben haben, sondern nur eine kurz aufflackernde Flamme? Wenn ich mir Liu und mich ansehe oder Louise Labé oder Shen Fu lese, kann ich es kaum glauben.

Ich stehe ja auch noch am Anfang meiner Ehe, wirst du vermutlich sagen. Wird sich auch bei mir irgendwann die schreckliche Ernüchterung einstellen? Ich muss sagen, ich würde mir gern meine Naivität bewahren. Das sind sonst ja traurige Aussichten, wenn man davon ausgeht, dass man sich nichts vorzumachen braucht, dass die Liebe sowieso keine Zukunft hat.

In der chinesischen Mythologie gibt es Vögel, die nur einen Flügel haben und mit einem anderen Vogel zusammengewachsen sind, so wie siamesische Zwillinge. Sie heißen »biyi niao« (比翼鸟) und tauchen unter dem Namen »Pihis« auch in einigen Gedichten von

Apollinaire auf. Sie sind ein Symbol für Paare, die zu sehr aneinanderhängen. Vielleicht spürst du gerade, dass dir ein neuer Flügel wächst, vielleicht willst du nicht mehr so abhängig von Ernest sein? Möglicherweise geht es ihm genauso? Nimm dir ein bisschen Zeit für dich. Aber auch für deine Beziehung.

Ich denke mir, dass du meinen Brief sicher nicht beantworten und die Sache herunterspielen wirst, wenn das Thema wieder aufs Tapet kommt. Aber ich möchte dir auch nicht zu nahe treten.

Alles Liebe
Deine 妹妹

Edward an seine Tante Sophie

Dublin, den 31. Dezember

Liebe Tante,

danke für das tolle Fest und die schönen Stunden mit dir und unserer großartigen Familie. Ich möchte mit meinem kleinen Nachwort gern ein dreifaches Hoch auf diese Familie ausbringen.

Es war eine ausgezeichnete Idee von Maisy, am frühen Nachmittag des Vierundzwanzigsten bei euch hereinzuschneien. So hatten wir Zeit, ein bisschen zu erzählen, was es alles Neues gibt. Das Haus war festlich erleuchtet, der Baum prächtig geschmückt und dein Empfang sehr herzlich. Maisy, Dorothy und ich waren regelrecht gerührt.

Tante Elsa und du, ihr seid nach wie vor wunderschöne Frauen. Es hat mich auch gefreut, eure Männer, Kinder und Kindeskinder wiederzusehen. Schade, dass Tante Marie-Luce selbst an Weihnachten das Kloster nicht verlassen darf. Ich werde ihr demnächst einen Besuch abstatten und ihr einen Limerick mitbringen. Sie wird mir wohl ein Gebet widmen.

Es war ein perfektes Wiedersehen. Wir waren alle unglaublich gespannt und voller Hoffnung, dass auch Boris und seine Jungs noch erscheinen. Doch sie kamen nicht. Ich habe meine Enttäuschung darüber mit Wein hinuntergespült und mich dafür an deinen köstlichen »Sakuski« schadlos gehalten. Aber als Charlotte verkündet hat, dass es angerichtet ist, war meine Laune immer noch ziemlich getrübt.

Ich hatte gerade mein Doradencarpaccio mit Mangosoße verputzt, da ist Sabine auf einmal aufgesprungen. Die Kleine hat ein ungemein feines Gehör. Sie war die Einzige, die das Bellen an der Tür bemerkt hat. Wir sind alle ganz schön erschrocken, als plötzlich Léon und Sokrates draußen standen, du bist richtig bleich geworden. Unfassbar, dass sie schon eine halbe Stunde dort ausgeharrt hatten und Léon sich aus unerfindlichen Gründen nicht getraut hatte zu klingeln! Du bist auf ihn zugestürzt und hast ihn so stürmisch umarmt, dass er fast keine Luft mehr bekommen hat. Ich habe ihn genau beobachtet. Er hat nicht versucht, sich deiner Umarmung zu entziehen, aber seine Miene blieb unbewegt wie die von Buster Keaton. Seine Ankunft hat die allgemeine Stimmung jedenfalls enorm gehoben.

Er ist schon ein komischer Vogel, dieser Léon. Hat sich einfach davongeschlichen, ohne seiner Mutter Bescheid zu sagen! Du hast gleich deinen Mann beauftragt, Ruth anzurufen, um sie zu beruhigen. Lionel hat ihr angeboten, dass Luc ihren Sohn am nächsten Tag nach Hause bringt, wenn sie will. Léon hat laut dazwischengerufen: »Nein, nicht morgen! Lieber übermorgen!« Er wollte eben ein bisschen Zeit mit Sabine verbringen und ihre Freundin Laure kennenlernen.

Es hat dich einigermaßen gewundert, dass Ruth es ihm erlaubt hat. Lionel hat mir später erzählt, dass sie es sich am Telefon nicht hatte verkneifen können, ihm ein »trauriges Fest« zu wünschen … Diese verfluchte Ruth, macht nichts als Ärger. Sie hat etwas von Bette Davis. Diese Weihnachtswünsche verheißen nichts Gutes. Ich bin ja gespannt, ob sie jetzt irgendwelche Vergeltungsmaßnahmen einleiten wird.

Das Essen war ein Gedicht. Ach, die Krabbenterrine! Und die Jakobsmuscheln von Tante Elsa! Die gebratene Foie gras von Mireille und der Kapaun in Salzkruste von Charlotte! Wie viel Arbeit ihr euch gemacht habt! Und ihr seid die ganze Zeit wie fleißige

Bienen um die Tafel herumgeschwirrt. Ach, die Weine von Onkel Lionel! Ich könnte fast heulen vor Glück. Es ist so schön, Weihnachten zu Hause mit der Familie zu feiern. Ich habe das nicht oft erlebt. Mit meinem Vater und seiner Frau, die beide überhaupt keinen Familiensinn haben, gehen wir immer ins Restaurant. Meine Mutter war da ganz anders. Aber sie ist ja gestorben, als ich fünf Jahre alt war.

Glücklich und dankbar, Teil dieser Familie zu sein, habe ich euch angeschaut. Ich sehe alles noch genau vor mir. Ernest hat nur Augen für seine Frau gehabt. Das nennt man wohl eine solide Ehe. Charlotte hat aber auch ein umwerfendes Bild abgegeben, obwohl sie ein bisschen kühl und melancholisch gewirkt hat. Sie macht mir ein wenig Sorgen, meine Cousine. Sie hatte wie du Tränen im Gesicht, als Mireille, engelsgleich mit ihren Korkenzieherlocken, das Glas auf Léon, Boris und Mathias erhoben hat. Léon hat stocksteif dagestanden wie die Wache vor dem Buckingham Palace und seinen Becher wie eine Lanze in die Luft gereckt, das war klasse. Irgendwie ist mir dieser Junge extrem sympathisch.

Was, liebe Tante, muss noch erwähnt werden? Ach ja, die sagenhafte Auswahl an Desserts! Der berühmte Apfelkuchen, den du vorsorglich gebacken hattest für den Fall, dass Boris doch noch kommen sollte, durfte natürlich nicht fehlen. Léon hatte das Recht, ihn als Erster zu probieren, dann war ich an der Reihe. War das ein Genuss! Das Weihnachtslied, das Zoé und Sylvain uns vorgesungen haben, hast wahrscheinlich auch du ihnen beigebracht. Wahnsinn, wie du dich engagierst! Und wie Liu und Mireille dieses Gedicht von Su Dongpo vorgetragen haben, wie Rachel und Max uns erklärt haben, dass das herzhafte Lachen einer gewissen Schimpansenart eine Entspannungstechnik ist, wie Maisy, Luc und Rita »Hotel California« gespielt haben, wie Sabine, Léon und Dorothy dabei getuschelt haben – das werde ich sicher nicht so schnell vergessen.

Deine Ansprache hat mich sehr berührt. Du hast den Einsatz deines Mannes in Genf gelobt, obwohl dir das Ganze doch eine Heidenangst eingejagt hat. Du hast gesagt, dass er ein guter Vater und Großvater ist, immer für eine Überraschung gut, und dass du stolz und dankbar bist, einen Mann wie ihn zu haben. Sichtlich ergriffen hat er sich eine Zigarre angezündet.

Du hast die richtigen Worte gefunden. Du hast davon gesprochen, wie sich das Verhältnis zwischen Lionel und dir im Laufe der Jahre verändert hat und welche Fehler ihr in der Erziehung eurer Kinder begangen habt, das hat mir imponiert. Du hast Beckett zitiert: »Ever tried. Ever failed. No matter. Try again. Fail again. Fail better.« Du hast die Beziehung zu deinem Mann als etwas ganz Kostbares bezeichnet und die Hoffnung geäußert, ein paar menschliche Werte an deine Kinder weitergegeben zu haben. Du hast beschrieben, was Solschenizyn eine wahre Begegnung zwischen Menschen nennt, und ein Zitat aus *Im ersten Kreis* angeführt. Wenn wir uns ganz lange in die Augen schauen, springt uns die Wahrheit des anderen schließlich an. Oder so ähnlich, ich zitiere aus dem Gedächtnis.

Ich glaube, die Briefe, die in den vergangenen Monaten hin und her gegangen sind, haben bei uns allen tiefe Spuren hinterlassen. Sie haben meine Halbwaisenseele gewärmt. Bestimmt werden wir uns weiterhin schreiben, oder? Was geschieht jetzt überhaupt mit all diesen Briefen? Werden sie in der Versenkung verschwinden? Oder in die Familiengeschichte eingehen? Vielleicht werden sie künftigen Generationen dazu dienen, sich ein Bild von uns zu machen. Hast du daran gedacht, als du Sabine gebeten hast, sich in einem an alle gerichteten Brief auszumalen, was die Zukunft uns bringen könnte?

Liebe Tante Sophie, es war ein fantastisches Weihnachtsfest, auch wenn nicht alle gekommen sind. Ich schäme mich für Jérôme und Eva, die es nicht einmal für nötig befunden haben, auf deine Einladung zu antworten, Maisy auch. Schade, dass Boris, Mathias, Larry und Terence nicht da waren. Aber es kann ja auch nicht alles perfekt sein, oder?

Weißt du, dass ich das Vergnügen hatte, mich mit Ernest über Motorräder zu unterhalten? Er kannte sogar das Buch von Robert M. Pirsig, *Zen oder die Kunst, ein Motorrad zu warten*. Und Liu ist wirklich ein bemerkenswerter Kerl, freut mich, seine Bekanntschaft gemacht zu haben. Er hat mir eine in Grasschrift verfasste Kalligrafie geschenkt, die er selbst angefertigt hat: Verse von Su Dongpo, die dem Bambus gewidmet sind. Liu hat gemeint, diese Verse seien ein unerlässlicher Begleiter im Leben, wenn man nicht wolle, dass die Seele verkommt.

In Dublin, wo ich jetzt am frühen Nachmittag angekommen bin, weht ein ziemlich eisiger Wind. Ich bin hier für ein paar Tage, das Trinity College hat an die hundert Experten zu einem internationalen Symposium über Limericks und ähnliche Gedichtformen eingeladen, unter anderem mich. Die Veranstaltung trägt den Titel »Hickory, dickory, dock, will you come up to Limerick?«. Ein Japaner hält einen Vortrag über humorvolle, erotische Tanka und fäkalsprachliche Haikai, und es wird sogar ein Libanese da sein, der schlüpfrige »Zadschalī« verfasst. Das wird garantiert eine heiße Sache. Na gut, aber das brauche ich dir eigentlich nicht zu schreiben.

Im Flugzeug habe ich mal wieder in Becketts Roman *Watt* geblättert. Bei der Beschreibung der Familie Lynch habe ich mich gekringelt vor Lachen. Sie ist einfach wie die unsere.

Aber es ist echt verdammt kalt in Dear Dirty Dublin, ich habe mir einen Strickschal umgewickelt, den ich in einem Laden für einheimische Produkte gekauft habe. Aus Wolle von Blackface-Schafen; ich habe gleich zwei davon genommen.

Papa holt mich nächsten Donnerstag in New York vom Flughafen ab. Er wird sich natürlich erkundigen, wie das Wiedersehen mit der »East side family« so war. Aber dann wird er wahrscheinlich rasch das Thema wechseln. Er wird mich erst mal nach Hause fahren, und wir werden uns am nächsten Tag wiedertreffen, um mit Eva und ein paar Freunden aufs neue Jahr anzustoßen. Aber irgendwann werde ich ihn mir vorknöpfen und ein Wörtchen mit ihm reden, das habe ich mir fest vorgenommen. Vielleicht werde ich ihm auch einen Brief schreiben, damit er das, was ich ihm zu sagen habe, nicht so schnell vergisst.

Ich vermisse euch alle jetzt schon.

In karmischer Liebe
Edward

Epilog

»Wenn es unsere Familie nicht geben würde,
müsste man sie wahrscheinlich erfinden.«

Sabine an die gesamte Familie

Paris, den 1. Januar

Meine Lieben,

Oma hat mich vor versammelter Mannschaft gebeten, einen Brief zu schreiben, in dem ich mir vorstelle, wie es mit uns allen weitergehen könnte. Ich fand die Aufgabe reizvoll, muss aber zugeben, ich hatte auch ein bisschen Angst davor. Nach einigem Überlegen habe ich mich entschlossen, die Herausforderung anzunehmen.

Aber wie sollte ich die Sache anpacken? Mich langweilt Science-Fiction. Wenn mich ein Buch oder ein Comic mit einer Maschine, die in drei Sekunden Lichtjahre zurücklegt, auf einen fernen Planeten beamen will oder ins Jahr 3843 versetzt, fange ich schon an zu gähnen. Wenn ich Verben konjugieren, Futurformen bilden und dabei die Zeitenfolge beachten muss, habe ich die größten Schwierigkeiten, aber was soll's, ich werde versuchen, den Blick in die Zukunft zu richten.

Als Allererstes möchte ich sagen: Ich werde ganz sicher nie mit meiner Familie brechen, ich werde sie immer gegen den Rest der Welt verteidigen.

Aber was wird nun sein in zehn Jahren, wenn ich und Léon fünfundzwanzig sind, Zoé zweiundzwanzig ist und Sylvain zwanzig? Vielleicht werden meine beiden Geschwister mit Boris junior chinesisch reden? Ich werde kein Chinesisch können, dafür werde ich umso besser Klavier spielen, aber nicht so gut wie Onkel Luc.

Meine Eltern sind dann schon über fünfzig. Sie werden nach

wie vor zusammen sein, oder vielleicht auch nicht, so etwas lässt sich nicht vorhersagen, oder? Maman wird immer noch im Krankenhaus arbeiten, wenn sie nicht doch irgendwann Großvater nachgeeifert und ihre eigene Praxis eröffnet hat. Papa wird weiter Lehrer sein, es wird ihm nach wie vor nicht gelingen, die Spaghetti *al dente* zu kochen, aber womöglich wird er Maman ja endlich überredet haben, mit ihm eine Motorradtour durch Patagonien zu machen.

Puh, so viele Futurformen!

Ich werde noch nicht verheiratet, aber schon von zu Hause ausgezogen sein und einen Freund haben. Ich stelle mir vor, dass ich Redakteurin einer Literaturzeitschrift oder Geheimagentin oder vielleicht auch beides bin. Opa und Oma sind noch nicht gestorben. Oma ist sowieso unsterblich und wird mir immer Lektüretipps geben. Opa ist dann zweiundachtzig und genießt mit seiner Malerei hohes Ansehen. Mit meinem Freund komme ich jeden zweiten Sonntag in die Rue Nicolas-Houël zum Hähnchentopf.

Onkel Boris wird eine neue Frau finden. Er wird vielleicht immer noch in Genf wohnen, uns aber häufig in Paris besuchen kommen. Mit Ruth wird er sicherlich eine Art Waffenstillstand schließen. Um das Kriegsbeil zu begraben, wäre es wohl das Beste, wenn Mathias und Léon selbst Kinder haben würden. Zerstrittene Eltern versöhnen sich oft leichter, wenn sie Großeltern werden, stimmt's? Mathias wird an der Kunsthochschule studiert haben und die Finger vom Kokain lassen. Léon wird einer der jüngsten und bestaussehenden Professoren an der Yale oder der Harvard University sein und auf dem Gebiet der Quantenphysik forschen – wenn er nicht nach Genf zurückgekehrt ist, weil ihm die Europäische Organisation für Kernforschung, das CERN, eine interessante Stelle angeboten hat. Seine Frau hat gewaltige »boobs«. Sokrates ist tot, aber er hat sich einen neuen Hund angeschafft. Vielleicht auch eine Katze oder einen Papagei, wer weiß?

Tante Mireille veröffentlicht jede Menge Aufsätze über alte chinesische Schriftsteller. Liu schreibt seine Gedichte mittlerweile auch auf Französisch. Sie werden bestimmt weitere Kinder haben. Boris junior ist ein guter Sohn und ein begabter Schüler. Er wird irgendwann Botschafter werden, und wir werden viele Reisen nach Peking unternehmen.

Onkel Luc und Rita werden nicht mehr »in wilder Ehe« leben, wie man so schön sagt, sondern endlich geheiratet haben. Vielleicht werden sie sogar Kinder haben. Onkel Luc wird massenweise Stücke komponieren und oft auf Tournee gehen.

Meine Urgroßmama Noémie ist sicher im Himmel. Großtante Marie-Luce wird ihr Kloster in der Dordogne nicht verlassen. Meine andere Großtante Elsa dagegen macht die ganze Zeit Tai-Chi und ist dadurch wahnsinnig gelenkig. Tante Rachel und Onkel Max werden Primaten zu Hause haben, Émilie ist sechzehn und wird von mir in die Liebe zur Literatur eingeführt.

Onkel Edward wird regelmäßig bei uns vorbeischauen. Er wird wie gehabt bei Tisch seine Limericks zum Besten geben und uns auf die Schippe nehmen. Vielleicht wird er ja auch heiraten und Vater werden. Wenn sich nicht doch irgendwann herausstellt, dass er in Wirklichkeit gar kein Schriftsteller, sondern Geheimagent ist, eine Art James Bond. Er wird mich auch in zehn Jahren noch schwer beeindrucken. Schriftstellerin wäre natürlich auch ein toller Beruf für mich, ich würde mir fabelhafte Geschichten ausdenken! Ab und zu werde ich nach Los Angeles fliegen, um Tante Maisy und ihre Familie zu besuchen, die auch öfter nach Paris kommen werden. Ich werde einen Haufen amerikanische Vokabeln lernen.

Schon verrückt, wenn man sich so Gedanken über die Zukunft macht. Ein bisschen wie Kaffeesatzlesen. Aber wahrscheinlich findet ihr mein Storyboard reichlich naiv. Oma wird sagen, ich will vielleicht nicht den Teufel an die Wand malen. Ich bin eben keine Kassandra, ich denke mir keine düsteren Szenarien aus, à la die eine wird Escortgirl, der andere macht vermutlich eine Geschlechtsumwandlung, der Nächste wird drogensüchtig, stirbt jung und hinterlässt eine magersüchtige Tochter und einen Sohn, der Neonazi ist.

Ich hänge an meiner Familie, an euch allen. Ihr seid wahre Schätze. Ich will nicht, dass ihr Probleme kriegt, dass es euch das Herz bricht oder ihr irgendwie leiden müsst.

Heutzutage glauben ja die meisten Eltern, dass Jugendliche die Welt lieber allein entdecken wollen oder sich sowieso nur für Facebook, WhatsApp, Instagram und YouTube interessieren, aber das ist ein riesiges Missverständnis, das sagen im Prinzip alle meine Freunde. Obwohl es nicht immer so scheint, brauchen Jugendliche auch ihre Familie, ihre Eltern, die ihnen Erfahrungen weitergeben und sie hin und wieder aufmuntern. Wir würden eigentlich gern ein bisschen mehr reden, wir haben ein richtiges Bedürfnis danach, aber wir zeigen es oft nicht. Man muss erraten, was in uns vorgeht, ich weiß, es ist nicht ganz leicht.

Es tut einfach weh, wenn Erwachsene auf Zehenspitzen aus Kinderzimmern schleichen, weil die Kinder am Computer zocken, das kommt einer Kapitulation gleich, versteht ihr? Aber zum Glück sind meine Eltern ja nicht so. Sie nehmen Anteil an meinem Leben und wollen immer meine Meinung hören.

Ich glaube, die Familie hilft einem, Mensch zu bleiben und kein Roboter zu werden. Sie lehrt einen, dass die Beziehungen zu anderen etwas Kostbares sind und dass man diese Beziehungen pflegen muss. Jeder für sich und Gott für uns alle – meine Großeltern hassen diesen Spruch.

Ich habe einen Klassenkameraden, der seit Monaten nicht mehr zur Schule kommt. Er verkriecht sich lieber zu Hause in seinem Zimmer. Es geht ihm anscheinend einigermaßen gut, wenn er so isoliert ist. »Hikikomori« nennt man solche Leute in Japan, aber das Phänomen existiert auch in Europa, auf der ganzen Welt. Onkel Liu hat mir erzählt, dass es in China Rehakliniken gibt, in denen nur diese Krankheit behandelt wird.

Vor einiger Zeit habe ich mir den Film *Cast Away – Verschollen* angeschaut, in dem Tom Hanks nach einem Flugzeugabsturz auf einer einsamen Insel strandet. Ich habe erkannt, dass wir schlicht nicht dazu gemacht sind, völlig allein zu leben. Wir brauchen andere Menschen zum Reden. Der einzige Gesprächspartner von Tom Hanks in dem Film ist Wilson, ein Volleyball, auf den er ein Gesicht gemalt hat. Er hat nicht einmal einen Freitag, wie Robinson Crusoe. Und als er auf einem Floß auf dem Meer dahintreibt und Wilson im Sturm verliert, weint er fürchterlich, obwohl es doch bloß ein Volleyball ist. Meine Augen waren so voller Tränen, dass ich die Bilder auf der Leinwand nur noch verschwommen gesehen habe.

Was will ich damit sagen? Ich weiß nicht genau, was ich meine, aber ich meine es. Das Lob der Familie trifft jedoch nicht auf alle Familien zu. Schade, weil man das, was ich meine, nur in der Familie lernen kann. Nicht in der Schule, nicht auf der Straße, nicht bei der Arbeit, nicht in der Armee und auch nicht in der Kirche, Moschee oder Synagoge.

Ich habe viele Freunde, bei denen es zu Hause gar nicht gut läuft. Es existiert überhaupt keine Rollenverteilung mehr, das heißt, die Rollen sind vertauscht. Die Kinder bestimmen alles, sie sind wie Götter. Diese Familien haben den Glauben an sich selbst verloren. Ich zerbreche mir deswegen nicht den Kopf, aber sie tun mir irgendwie leid. Vielleicht liege ich ja total daneben, aber ich würde für meine Familie immer alles tun, was ich kann. Ich habe schon den Kontakt zu meinem Cousin Léon wiederaufgenommen, den ich sehr mag. Wir werden uns künftig öfter treffen, in Genf oder in Paris, es wird unserem Verhältnis sicher guttun, wenn wir ein bisschen mehr darüber wissen, wie der andere lebt.

So, jetzt fällt mir nichts mehr ein. Wenn es unsere Familie nicht geben würde, müsste man sie wahrscheinlich erfinden. Habe ich nun irgendetwas nicht gesagt? Man kann nicht alles sagen. Ich wünsche euch eine schöne Zeit.

Ach, das Wichtigste hätte ich fast vergessen:

Was für ein kleines Moped mit verchromter Lenkstange steht in der Zukunft?

Was für ein kleines Moped knattert in meinem Kopf,
In dem sich alles dreht?
Dieses kleine Moped in meinem Kopf weiß nicht, wohin es fährt,
Aber es fährt und fährt.

Eure Sabine

Dank

Ich bedanke mich bei Mirna Labaki, Antoine und Nora Salem, Felice Graziano, Katharina Auberjonois, Francine Ferguson, Hedwig Frühauf, Gérard Salem (dem anderen), Johanna von Burg und Jean-François Billeter für ihre hilfreichen Anmerkungen.

Ferner bedanke ich mich bei Léonard Anthony, Guillaume Robert, Susanna Lea, Emmanuelle Hardouin und Virginie Garrett für die großartige Zusammenarbeit und bei allen anderen, die an diesem Buch mitgewirkt haben.

Die in diesem Buch dargestellte Familie ist fiktiv.
Etwaige Ähnlichkeiten mit tatsächlich existierenden Familien
sind rein zufällig.

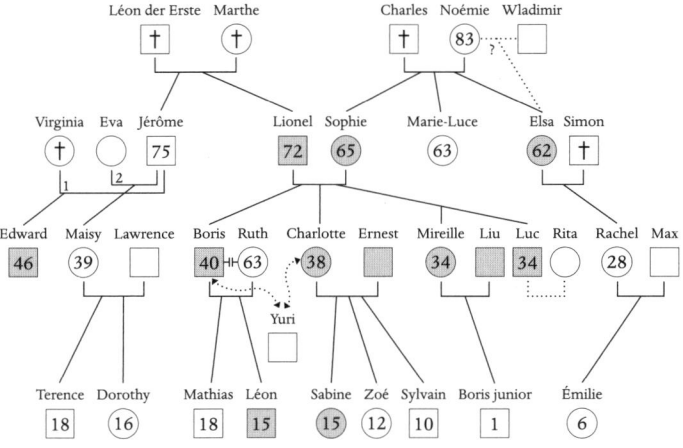
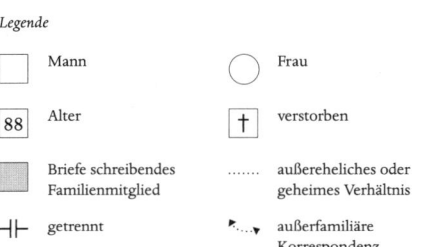

Léon der Erste Marthe   Charles Noémie Wladimir

Virginia Eva Jérôme   Lionel Sophie   Marie-Luce   Elsa Simon

Edward Maisy Lawrence   Boris Ruth Charlotte Ernest   Mireille Liu Luc Rita   Rachel Max

Yuri

Terence Dorothy   Mathias Léon   Sabine Zoé Sylvain   Boris junior   Émilie

Legende

	Mann		Frau
88	Alter	†	verstorben
	Briefe schreibendes Familienmitglied	......	außereheliches oder geheimes Verhältnis
⊣⊢	getrennt	⤵	außerfamiliäre Korrespondenz

Die Arbeit des Übersetzers am vorliegenden Text wurde
vom Deutschen Übersetzerfonds gefördert.

April 2020
DuMont Buchverlag, Köln
Alle Rechte vorbehalten
© Flammarion 2018, © Versilio 2018
Die französische Originalausgabe erschien 2018 unter dem Titel
›Tu deviens adulte le jour où tu pardonnes à tes parents‹
bei Flammarion / Versilio, Paris 2018.
© 2019 für die deutsche Ausgabe: DuMont Buchverlag, Köln
Übersetzung: Christian Kolb
Umschlaggestaltung: Lübbeke Naumann Thoben, Köln
Umschlagabbildung: Lettering: © Birgit Haermeyer; Foto: © Stefanie Naumann
Satz: Angelika Kudella, Köln
Gesetzt aus der Dante
Druck und Verarbeitung: CPI books GmbH, Leck
Gedruckt auf säurefreiem und chlorfrei gebleichtem Papier
Printed in Germany
ISBN 978-3-8321-6528-4

www.dumont-buchverlag.de